내얼굴이
어때서

삶의 주인으로 우뚝 서는 당당한 나를 찾아

내얼굴이 어때서

삶의 주인으로 우뚝 서는 당당한 나를 찾아

비행청소년
11

오승현 글
조은교 그림

풀빛

차 례

2장 내 몸을 사랑할 순 없나? :
전쟁터가 되어 버린 몸

3장 비교하면 행복할까?

4장 어른들이라고 꼭 똑똑할까?

5장 위기 상황에서 무조건 지시를 따라야 할까?

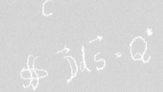

6장 권위에 복종하지 않으려면

프롤로그 : '당당한 나'를 찾는 여행

비교하는 세상, 억압하는 세상

"공부는 잘해? 몇 등이나 하니?" 명절 때마다 친척 어른들이 아이들에게 으레 던지는 질문이야. 이 질문은 두 개의 초점을 가진 타원과 같지. 하나가 비교의 초점이라면, 다른 하나는 명령의 초점이야. 등수란 언제나 다른 사람과의 비교를 전제하지. 애초에 점수를 비교하지 않는다면 등수는 존재할 수 없으니까. 따라서 등수를 확인하는 일은, 다른 학생들과의 비교를 함축하고 있지. '등수 확인'에는 다른 이들보다 앞서야 한다는, 우회적인 권유도 포함되어 있어. 더 나아가, '등수 확인'은 공부에 대한 압박으로 작용하기도 하지. 저 질문에는 대개 '지금보다 더 열심히 해야겠다'는 뜻이 깔려 있으니까.

집에 들어온 아이가 엄마에게 "배고파"라고 말하는 것은, 배가 고프다는 정보를 알려 주는 발화發話가 아니야. 그것은 결국 '밥을 차려 달라'는 요청이지. 이렇게 대화가 이루어지는 맥락에 따라 말의 의미를 파악하는 언어학의 분야가 화용론話用論이야. 화용론의 관점에서 보자면 "공부는 잘해? 몇 등이나 하니?"라는 질문은, 결국 등수 확인을 넘어서 더 좋은 등수를 받으라는 의도가 담겨 있는 거겠지. 더 열심히 공부해서 남보다 더 나은 성적을 받으라는 의도 말이야. 그것이 '공부해!'와 같은 명시적인 지시가 아니더라도, 듣는 이에게는 부담으로 작용할 수밖에 없겠지. 그런 점에서 그 표현에는 명령의 뉘앙스까지 배어 있다고 보이지.

명절 때 친척 어른들이 기껏 내뱉는 말이란 누군가의 삶에 참견하는 말이야. "어느 대학에 합격했니?" "취업은 했어?" "애인은 있니?" "결혼은 언제 할 거야?" "애는 안 가져?" "둘째는 언제 낳을래?" 어른들은 대화라는 이름으로 상대를 왜 곤란하게 만드는 걸까? 혹은, 상대에게 특정한 삶의 방식을 왜 강요하는 걸까? 단지 친척이라는 이유만으로 말이야. 저 말들은 관심의 표현처럼 보이지만, 실상은 무관심의 증거에 더 가깝지. 서로의 삶에 진짜 애정과 관심이 있고 속속들이 잘 아는 사이라면, 저런 것들을 굳이 물을 이유가 없겠지. 기껏해야 1년에 한두 번, 그것도 잠깐 만나는 친척 사이에 그저 의례적으로 묻는 질문이겠지. 누구나 하는 말을 똑같이 주워섬기는 것은 건강한 대화가 아니야. 할 말이 없으면 안 하면 돼.

내 생각에 한국 청소년들의 삶을 이해하려면 두 가지 키워드가 매우 중요할 것 같아. 바로 비교와 억압이지. "공부는 잘해? 몇 등이나 하니?"에 깃든 비교와 억압의 초점은 청소년의 삶에도 그대로 적용되거든. 먼저, 비교. '카페인 우울증'이라는 신조어가 있어. 여기서 '카페인'은 카카오스토리, 페이스북, 인스타그램의 앞 글자를 딴 약자지. 즉 '카페인 우울증'은 습관적으로 소셜네트워크서비스 SNS 등을 통해 다른 사람의 행복한 일상과 자신의 초라한 일상을 비교하면서 생기는 상대적 박탈감에서 오는 우울증이야. 비교는 한국인의 삶에서 결코 빼놓을 수 없는 조건이지. 남과의 비교를 통해 희비를 느끼는 습관은 평생에 걸쳐 우리 삶을 따라다니지.

우리는 온갖 것들을 비교하면서 서로를 괴롭히고 있어. 얼굴이 그렇고, 몸매가 그렇고, 성적이 그렇지. 그것뿐인가. 우리가 입은 옷, 신은 신발, 쓰는 핸드폰… 그 모든 것들이 비교의 대상이 되잖아. 사실, 청소년들만 비교의 곤란을 겪는 것도 아니야. 어른들 역시 비교의 굴레에서 자유롭지 못하지. 얼굴, 몸매, 재산(차와 집과 땅), 지위, 권력… 온갖 것들을 비교하며 살아가지. 비교의 대상은 첫째가 특정한 물질이고, 둘째가 그 물질을 획득할 가능성의 조건이야. 명품, 승용차, 아파트 등이 전자에 속하고, 성적, 대학, 수입, 지위 등이 후자에 속하지. 그렇게 온갖 것들을 비교하며 끊임없이 괴로워하고 있어. 어느 누구도 예외일 수 없지. 모두가 겪고 있는 한국인의 질병이야.

억압은 또 어떨까. 우선, 한 가지 에피소드를 소개할게. 2010년 서울에서 열린 G20 정상회의 폐막식에서 버락 오바마 미국 대통령이 기자들에게 "질문권을 주겠다"고 말했어. 하지만 어느 기자도 질문하지 않았지. 침묵이 길어지는 어색한 상황에서, 결국 중국 기자가 질문을 던졌어.

모름지기 기자라면 현장에서는 발로 뛰는 취재를, 기자 회견장에서는 날카로운 질문을 해야 하지 않을까? 우리 기자들은 왜 질문하지 않았을까? 아니, 우리는 왜 질문하지 않을까?

아마도 너희는 어렸을 때부터 "넌 몰라도 돼!"를 줄기차게 들어 왔을 거야. "넌 몰라도 돼!"는 가족 구성원에서 아이를 배제하는 말이야. 아이를 대화 상대로 인정하지 않는 거니까. 아이가 몰라도 될 일이라면 왜 그런지 차분히 설명해 주면 되지, 무시하거나 윽박지를 필요는 없잖아. "넌 몰라도 돼!"는 합리적인 대화법이 결코 아니야. 그러면서도 부모는 자기 자식이 합리적이길 기대해. 비합리적인 부모 밑에서 자란 아이가 합리적이길 기대할 순 없겠지. 비합리적으로 교육받은 아이는 비합리적으로 행동할 뿐이야. "넌 몰라도 돼!"는 아이의 호기심과 질문을 우지끈 꺾어 버리지.

"넌 몰라도 돼!"는 가정에서 학교로, 학교에서 다시 사회로 이어지지. 어려서부터 학교에서 수업의 목표와 어긋난 엉뚱한 질문(그래서 수업 시간을 잡아먹는다고 여겨지는 질문)을 했을 때 무시당하거나 묵살당한 경험이 다들 있을 거야. '아, 질문은 함부로 해서는 안 되는구나.' 그런 생각이 한번 들면, 그다음부터는 질문하기가 어려워지지. 그래서 "질문 있습니까"라는 말을 들어도 질문을 못 하는 거야. 우리는 학교에서, 또 사회에서 주어진 질문에 답할 뿐이야. 기존 질서는 그 권위를 의심하거나 권위에 도전하지 말라고 가르치지. 주어진 현실에 의문을 갖거나 질문을 던져선 안 된다고 말이야. 그랬다가는 처벌과 불이익이라는 보복이 돌아온다고 겁주면서. 질문은 참으면서 대답은 강요받지. 즉, 학교와 회사와 사회와 국가가 시키는 대로만 하는 거야. 그렇게 길들여진 인간은 독립된 자유인이 아니라 사회의 하수인에 불과하지.

비교와 억압이 체제를 굴린다

한국인의 삶에서 비교와 억압은 빼놓을 수 없는 조건이야. 얼핏 보면, 비교와 억압이 다른 듯하지. 비교는 내적인 욕망이고, 억압은 외적인 압력 같잖아. 다시 말해, 비교는 자발적이고 억압은 강제적인 듯하지. 그러나 그 둘의 뿌리는 모두 사회에서 뻗어 나왔어. 비교의 대상이 꼭 남이라서가 아니다. 사회가 끊임없이 비교의 욕망을 부추기고 억압의 멍에를 씌우기 때문이야. 비교와 억압은 한 쌍으로 작동하지. 사회가 비교와 억압의 틀로 우리를 옥죄는 이유가 뭘까? 비교와 억압이 지금의 체제를 굴러가게 만드는 원료가 되기 때문이지. 비교는 경쟁을 부추기고 억압은 복종을 부르니까. 경쟁과 복종을 통해 기존의 질서는 더욱 견고하게 유지될 수 있어. 경쟁과 복종에 목매는 사람은 기존 질서에 딴지 걸지 않기 때문이지. 그저 남들과 경쟁하느라 바쁘고 사회가 시키는 대로 사느라 분주할 뿐이야.

사회는 남이 가진 것을 부러워하게 만들고 자신이 가진 것을 부끄럽게 만들지. 부러움과 부끄러움은 쉴 없이 이어지지. 끊임없이 비교하는 세상인 거야. 앞서 언급한 SNS를 예로 들어 볼까. 가령 장기간 취업에 실패한 사람이 SNS에 올라온 친구들의 취업 성공기(대기업 입사, 고시 합격 등)를 읽다 보면 상대적 박탈감을 느끼겠지. 누군가의 일상의 기록이 비교와 좌절을 낳는 거야. SNS는 일상을 기록한다는 이유로 알게 모르게 자신의 경제 수준을 보여 주게 되지. 어디로 여행을 가는지, 어떤 식당에서 밥을 먹는지, 주말은 어떻게 보내는지 등은 모두 일상의 일부인 동시에 소비 수준을 알려 주는 지표인 셈이야. 그런 의미에서 SNS는 '자랑질'의 공간이지. 그런 비교는 소비 경쟁을 부추기지. 비교가 자본주의를 굴리는 원료가 되는 까닭이야.

우리네 삶은 끝없는 비교로 점철되지. 비교한다는 것은 똑같은 기준에서 대상을 평가한다는 거야. 단일 기준에 의한 평가와 비교를 단적으로 보여 주는 곳이 바로 학교지. 사람들이 배우는 속도는 각자 다르고 흥미와 소질은 제각각인데, 우리의 교육 안에서 그런 차이는 별로 고려되지 않잖아. 점수, 등수, 성적, 오직 한 가지 기준으로만 학생들은 평가되지. "열의의 속도는 아이마다 다르므로 배워야 할 목표도 책상마다"(도종환 〈북해를 바라보며 그는 울었다〉) 달라야 할 텐데, 모두 같은 목표만을 강요받아. 사회도 마찬가지야. 획일적인 아름다움이 같은 목표로 제시되고, 사람들은 그 목표를 향해 경쟁하듯이 털을 뽑고 지방을 빼며 턱을 깎지. 이 모두가 거대한 성형 산업과 다이어트 산업을 떠받치고 있어.

억압도 마찬가지야. 억압은 보다 구체적으로 위계와 권위에 대한 복종을 통해 이루어지지. 아주 어릴 때부터 위계질서는 당연한 것으로 주어지지. 형제자매 안에서도 엄격한 서열이 존재하니까 말이야. 학교에 입학하면 교사와 학생 사이의 위계를, 선배와 후배 사이의 위계를 몸에 익히게('체득') 되지. 학교를 나오면 남자들에겐 군대가 기다리고 있어. 여기서도 위계와 복종의 원리를 내면화하지. 사회에 나와도 갑과 을 사이에, 상사와 부하 사이에, 고객과 점원 사이에 위계가 존재해. 이렇게 사회는 끝없이 위계를 강조함으로써 수평적 관계보다 수직적 명령을, 상호 존중보다 상하 복종을, 개인보다 집단을 앞세우지. 이런 일련의 과정을 거쳐 최종적으로 위계질서에 복종하며 기존 체계에 순응하는, 한마디로 고분고분 말 잘듣는 인간을 길러 내는 거야. 시키는 대로 일하고 주는 대로 받는 그런 인간 말이지.

세계적인 사회학자 이매뉴얼 월러스틴은 현 체제의 특징을 위계와 착취와 양극화로 규정했어. 위계에 복종하고 체제에 순응하는 인간들이 많을수록 사회는 원활하게 잘 돌아가지. 하지만 어떤 사회가 단지 효율적으로 작동한다고 해서 그 사회를 건강하다고 말할 순 없겠지. 가령, 신분제 사회라면 노예들이 반란을 일으키지 않고 묵묵히 복종해야 그 사회가 원활하게 잘 돌아가겠지. 그러나 그 사회의 원활함과 풍요로움은 어디까지나 노예의 고된 노동에서 나온 거잖아. 당연하게도, 그 사회가 잘 돌아가고 풍요로워질수록 노예들의 피땀은 더 늘어나겠지. 현대 사회라고 다를까? 비정규직이 늘어날수록 기업의 이윤은 더 커지지. 똑같은 일을 시켜도 정규직에 비해 인건비가 덜 들 테니까. 그렇지만 사회 전체적으로는 비정규직이 늘어나면서 고용 불안만 커지겠지. 즉, 이익은 기업 생산의 측면에서만 증대하는 거야.

비정규직 확대, 공기업 민영화, 규제 완화… 이 모든 것들이 효율성을 위해서 불가피한 선택일까? 여기서 우리는 한 가지 질문을 던질 수 있어. "그때의 효율성은 과연 누구를 위한 효율성일까?" 잘 생각해 봐. 효율성 덕분에 누가 이득을 보는지 말이야. 효율성은 모두를 위한 게 절대 아니지. 효율성은 오직 기업을 위한 효율성일 뿐이야.(물론 인건비 절감이 가격에 반영된다면 소비자에게도 이롭겠지. 그러나 현실에서 노동 비용 절감은 가격 인하가 아니라 추가 이윤으로 돌아가지. 인건비가 절감돼서 상품 가격이 떨어진 경우를 본 적 있어? 컴퓨터 같은 전자 제품의 가격이 떨어지는 건 기술 혁신 덕분이지.) 다시 말해, 우리는 소수의 이익을 위해 다수의 희생을 당연하게 받아들이는 셈이야. 그 결과가 부의 불평등과 양극화겠지. 1퍼센트의 주머니는 나머지 99퍼센트의 고통으로 채워지지. '효율성'이라는 가치에 속아서 말이지. 한 사회의 건강성은 효율성이 아니라 형평성과 다양성에서 나오는 거야.

의심하라, 개미지옥을

"효율성을 위해서는 어쩔 수 없는 거 아니겠어" 이렇게 생각한다면, 결론은 딱 하나겠지. '나만 아니면 돼!' 그 결과는 도태되지 않으려고, 비정규직이 안 되려고 서로 끝없이 경쟁을 벌이는 '죽음의 경주'겠지. 휴일도 반납하며 더 열심히 일하고, 위에서 부당한 지시가 내려와도 묵묵히 따를 뿐이지. 그러나 모두가 아무리 노력해도 누군가는 도태될 수밖에 없어. 2014년 기준으로, 통계청 추산 607만 명, 노동계 추산 852만 명이 비정규직이야. 지금의 현실을 당연하게 여긴다면 비정규직은 더 늘어나겠지. 지금까지도 계속 그래 왔으니까. 그래서 언젠가는 (통계청 추산) 600여만 명이 800만 명이 되고, 800만 명이 다시 1000만 명이 되는 날이 올지도 몰라. 그럴수록 생존을 향한 경쟁은 더욱 치열해지겠지. 개미들이 스스로 개미지옥을 만들어 놓고선 더 깊이 파 놓는 꼴이야. 세상이라는 개미지옥을 당연하게 여기지 말고, 개미지옥을 의심하고 해체해야 해. 우리가 '질문하는 힘'을 길러야 할 이유겠지.

사람들은 '내가 생각한다'고 생각하지. 하지만 '내가 생각한다'고 여길 때 진짜 생각하는 것은 내가 아니라 세상이야. "답은 정해져 있고 니는 대답만 해." 이 말을 줄여서 '답정너'라고 하지. 우리의 역할은 '답장녀'로 정해져 있어. 즉, 세상이 우리에게 던지는 문제마다 그에 맞는 답을 제시하는 것뿐이야. 문제는 이미 주어져 있고, 우리는 그에 맞는 정답을 맞히기만 하면 되지. 출제자의 몫은 세상의 것이야. 학교 시험, 대학 입시, 입사 시험, 공인 시험(외국어, 자격증 등) 등등. 문제와 정답이 한 치의 어긋남 없이 정해진 구조에서는 성찰이나 비판이 비집고 들어서기 어려워. 질문은 우리의 생각을 빌려 말하고 있는 세상의 입을 틀어막지. 그런 의미에서 질문은 시작이야.

우리는 '의심하는 사람'이 되어야 해. '의심하는 사람'은 끊임없이 정답을 요구하는 세상 자체를 거대한 문제로 괄호 치는 사람이지. 가령 '취업 9종 세트' 같은 것들에 대해서 의심하는 거야. '취업 9종 세트'에는 학벌, 학점, 외국어(여기까지 3종), 어학연수, 자격증(여기까지 5종), 공모전, 인턴 경험(여기까지 7종), 봉사활동, 성형수술 등이 포함되지. 우리는 이 모두에 대해서 질문해 볼 수 있어. 학벌이 과연 경쟁력일까? 설사 그렇다 쳐도, 지나친 학벌 경쟁으로 인해 오히려 경쟁력이 약화되는 측면은 없을까? 다시 말해, 경쟁이 치열할수록 경쟁력이 올라갈까? 더 나아가, 현재의 경쟁 체제는 누구에게 이롭고 누구에게 해로울까? 다수에게 불리한 경쟁 체제는 왜 유지될까? 질문은 끝없이 이어지지.

인간은 두 번 태어나는 게 아닐까? 첫 번째 태어남은 어머니 배 속에서 이뤄지고, 두 번째 태어남은 질문과 더불어서 오지. 말하자면, 육체의 태어남과 정신의 태어남이야. 어떤 질문은 질문자를 정신적으로 다시 태어나게 해. 어떤 질문은 질문을 던지기 이전의 나와 이후의 나를 갈라놓지. 질문하는 자는 갈림길에 서 있는 것과 같아. 지금 모습 그대로 머물러 있거나 새로운 모습으로 달라지거나. 질문이 더없이 중요한 이유야. 불가에서는 이런 질문을 '화두'라고 부르는데, 스님들은 평생 하나의 화두를 붙들고 수양하지. 우리가 어떤 질문을 품고 사느냐에 따라서 삶의 결과 길이 달라지는 거야.

인류 문명에 환한 빛을 비춘 사상과 발명도 '주어진 질문'에 매달린 이들이 아니라 '새로운 질문'에 온몸을 던진 이들에 의해 탄생했지. 위대한 것들은 하나의 질문에서 싹텄어. 당연하다고 생각되는 현실에 질문을 던지는 것에서 한 시대의 지배적인 질서는 미세하게 균열하지. 질문은 생각의 길을 바꾸고 삶을 혁신하며 더 나아가 세상을 변화시키지. 중국의 사상가 주희朱熹도 '크게 의심하면 크게 나아갈 수 있다(大疑則可大進)'고 말했어. 질문을 던지는 것, 즉 문제제기는 더없이 중요한 공부이자 실천이며 참여라고 할 수 있어. 아픈 만큼 성숙한다는 말이 있지만, 아픔이 성숙의 뿌리가 되려면 성찰이라는 대지가 필요하지. 성찰이 없는 아픔은 그냥 아픈 거야. 당연히 성찰은 의심과 질문에서 시작하지.

"이 우주가 우리에게 준 두 가지 선물, 사랑하는 힘과 질문하는 능력." 미국 시인 메리 올리버가 쓴《휘파람 부는 사람》에 나오는 말이야. 우연히도, 저 구절이 이 책의 주제를 잘 요약해 주고 있지. 우리는 비교의 굴레에서 벗어나 자신을 있는 그대로 사랑해야 해. 그리고 비교와 순응의 저주를 내린 사회를 근본에서부터 캐물어야지. 그래야 저주에 걸린 꼭두각시에서 벗어나 당당한 자유인이 될 수 있어. 청소년인 우리가 과연 그렇게 할 수 있을까? 어른들도 못하는 일을 우리가 할 수 있을까? 니콜라 데이비스의《약속》에 나오는 주인공 소녀는 혼자서 도시 곳곳에 도토리를 심었어. 아무도 도와주지도, 알아주지도 않았는데 말이야. 그런데 온 도시에 도토리의 새싹이 돋아나자 도시는 생명의 기운이 넘쳤고 사람들의 표정도 밝아졌지. 우리 역시 그 소년처럼 하면 돼. 자기가 할 수 있는 만큼, 작은 도토리부터 심는 거야.

이제부터 '당당한 나'가 되기 위해서 우리 자신부터 점검해 볼 거야. 그리고 '당당한 나'로서 내 자유와 권리를 어떻게 쟁취하고 지켜 갈지 살펴볼 거야. 이 과정에서 우리는 한 떨기 들꽃처럼 평범한 우리가 어떻게 영웅이 될 수 있는지도 배우게 될 거야. 'from zero to hero'인 셈이지.

1장

나는 왜 못생겼지?

1 상상의 관중

길을 걷다 무릎이 갑자기 꺾여 본 경험이 있을 거야. 마치 호랑나비 춤을 추듯이 몸이 휘청거린 경험 말이야. 주변에 사람들이 많았다면 다소 민망한 순간이었겠지. 누구나 살다 보면 이런 민망한 순간들을 겪게 마련이야. 이런 상황에서 과도하게 창피함을 느끼는 사람들이 더러 있지. 특히, 청소년기에는 더욱 그럴 거야. 마치 주변 사람들이 자기를 보고 비웃는다고 생각하면서 말이지. 길을 가다 넘어지면 다른 사람이 봤을까 얼굴이 빨개지지만 다른 사람들은 별로 신경도 안 써. 설사 봤다 해도 금세 잊어버리고 말지.

심리학에서는 청소년기의 특징 중 하나로 '상상의 관중'을 들어 설명하지. 상상의 관중은 무대 위의 배우처럼 주변 사람들을 의식하는 행동 특징을 설명할 때 쓰는 말이야. 주변 사람들이 언제나 나를 주시하고 있다고 생각하는 거지. 어때? 너희도 주변 사람들의 시선을 지나치게 의식할 때가 있지 않아? 너희가 외모의 세세한 부분까지 신경 쓰거나 작은 실수에도 지나치게 창피해하는 것도 바로 그 때문이야.

사실 사람들은 자기 자신 외에는 별로 관심이 없어. 관심을 갖는다 해도 기껏해야 아주 잠깐에 불과하지. 그렇다면 지금껏 우리가 헛된 수고를 한 건 아닐까? 그런 관중들을 의식하느라 많은 것들을 허비하면서 말이야. 외모를 꾸미는 데 들인 시간과 노력, 또 관중을 의식하면서 쏟은 정신적 에너지…, 이 모두가 불필요한 소모가 아닐 수 없지. 단지 '잠깐의 관중'에게 잘 보이려고 말이야.

외모 콤플렉스에 시달린다면 심신의 소모는 더욱 커지겠지. 특히 키나 얼굴 때문에 고민하는 학생들이 많아. 2010년 한국청소년정책연구원이 전국 12개 시·도의 초등학생 4~6학년 및 중·고등학생 등 청소년 9844명을 대상으로 청소년의 건강 실태 조사를 했지. 여기에 외모 불만족에 대한 항목이 있었는데, 여자 청소년은 66.1퍼센트가, 남자 청소년은 49.7퍼센트가 자신의 외모가 불만족스럽다고 답했어.

나도 청소년기에 여드름 때문에 고민했더랬지. 나중에야 그러려니 했지만, 여드름이 막 나기 시작할 때는 고민이 많았지. 모든 사람이 내 얼굴만 쳐다보는 것 같았으니까. 너희도 비슷한 경험이 있을 거야. 물론 다른 사람들이 내 얼굴을 보는 건 맞지. 친구들도 그렇고 선생님도 그렇고. 그러나 그건 내 여드름 때문이 아니라 눈을 맞추고 대화하다 보니 자연스레 그리됐던 건데 말이야. 그들은 날 보면서 말하거나 인사한 건데, 난 내 여드름 때문에 날 본다고 생각했지.

어린 시절에 외모 때문에 놀림을 받아 보지 않은 사람이 얼마나 될까? 정말 빼어나게 예쁘거나 잘생기지 않았다면, 누구나 한 번쯤은 그런 놀림을 받았을 거야. 놀리는 방식도 참 다양하지. 못생겼다고 놀리기도 하고, 누군가를 닮았다고 놀리기도 하고, 무언가(동물이나 캐릭터 등)를 닮았다고 놀리기도 하고. 작으면 작은 대로, 크면 큰 대로, 짧으면 짧은 대로, 길면 긴 대로 놀림거리가 되지.

2 조명 같은 건 없다

다들 너만 쳐다본다고?

외모 콤플렉스로 고민하는 친구들에게 도움이 될 만한 실험이 있어. 코넬대학의 토머스 길로비치 교수가 진행한 실험이야. 먼저 실험 내용을 소개하기 전에 배리 매닐로우라는 인물에 대해 알아볼까? 실험에서 이 사람의 얼굴이 중요하게 다뤄지거든. 미국에서 매닐로우는 한때는 나름 유명했지만, 실험이 진행될 당시에는 한물간 가수로 생각되는 인물이었어. 쉽게 말해 부모님 세대의 인기 가수였던 셈이야. 젊은 대학생들에게는 그다지 인기 없는 가수였지.

실험에서 길로비치 교수는 한 학생에게 매닐로우의 얼굴이 그려진 티셔츠를 입혀서는 4~6명의 대학생들이 대기하는 실험실로 들어가게 했어. 그리고 실험실에 잠깐 머무르게 했지. 말하자면 아주 후진 티셔츠를 입힌 셈이야. 티셔츠를 입은 학생에게 실험실의 학생들 가운데 몇 명이나 그가 입은 매닐로우 티셔츠를 알아봤을 거 같으냐고 물었지. 마찬가지로 실험실의 학생들에게도 실험실에 마지막으로 들어온 학생이 어떤 티셔츠를 입고 있었는지 물어봤어.

결과는 어땠을까? 티셔츠를 입은 학생들은 46퍼센트 정도가 자신이 매닐로우 티셔츠를 입었다는 사실을 사람들이 알아봤을 거라고 예측했어. 4명 중 2명은 알아봤을 거라고 생각한 셈이야. 그러나 실험실에 있던 학생들 중에서 실제로 알아본 사람은 21퍼센트에 불과했어. 즉, 4명 중 1명꼴로 알아봤던 거야. 이후의 실험에서는 코미디언 제리 세인필드와 흑인 인권 운동가 마틴 루터 킹의 얼굴이 그려진 티셔츠 중에서 마음에 드는 것을 골라 입게 하고 동일한 실험을 반복했지. 결과는 비슷했어. 티셔츠를 입은 학생들의 절반가량인 48퍼센트가 무슨 옷을 입고 있는지 다른 이들이 알아맞힐 거라고 예상했지만, 실험실에 있던 학생들 중에서 겨우 8퍼센트만이 티셔츠의 그림을 기억했을 뿐이야.

이처럼 다른 사람의 시선이 자기에게 집중돼 있을 거라고 여기는 태도나 현상을 조명 효과spotlight effect라고 부르지. 연극 무대의 주인공에게 쏟아지는 조명처럼 자기에게 조명이 쏟아진다고 착각하는 거야. 영어 숙어에 'bad hair day'라는 표현이 있어. 직역하자면 '머리 상태가 엉망인 날'이야. 그런데 이 말은 헤어스타일이 엉망이라는 의미라기보다 '만사가 잘 안 풀리는 날'을 뜻하지. 가령 아침에 늦잠을 자서 머리를 못 감고 출근한 날 같은 거야. 직장 동료들이 아무도 눈치채지 못하는데도, 제 발이 저려서 스스로 'bad hair day'라고 불평하지. 사실 주변 사람들은 내 머리에 관심조차 없는데, 그날따라 사람들이 내 머리만 쳐다본다고 생각하는 거야.

그렇게 계속 남을 의식하다 보면, 그날 기분은 엉망이 될 수밖에 없겠지. 결국 만사가 안 풀리는 이유는 지나치게 머리를 의식하는 '나' 때문인 거야.

이런 상황이 머리 상태에만 해당되진 않지. 일상에서 사람들은 자주 조명 효과를 경험하지. 혼자 밥을 먹으러 가면 다른 사람들이 이상하게 생각하지 않을까, 생각하는 거야. 입은 옷에 음식물이라도 튀면 민망해서 감추기 급급하지. 무릎 나온 추리닝을 입고 다니면 사람들이 자기를 백수로 보지 않을까, 걱정하기도 해. 화장을 못 한 날이나 얼굴에 뾰루지가 난 날도 '만사가 안 풀리는 날'이 되곤 하지.

그런데 다른 사람들은 음식물 자국은커녕 내가 무슨 옷을 입었는지조차 모르는 경우가 많아. 설사 음식물 자국을 알아본다고 해서, 그걸로 '칠칠치 못하다'고 함부로 비난하지도 않지. 그렇다면 실제로 조명 같은 건 없는 게 아닐까? 조명이 있다면, 타인의 시선을 지나치게 의식하는 그 사람의 마음에 있을 뿐이지. 사실 다른 사람은 나를 주시하지 않아. 나를 주시하는 건 바로 나 자신이야. 즉 조명을 켜 놓고 자기를 비추는 사람은 바로 자기 자신이지.

타인의 눈이 아니라 자기의 눈으로

조명 효과는 자기중심주의와 관련이 깊어. 우리는 자신이 하는 모든 일을 중요하게 생각하지. 그래서 다른 사람들 역시 나를 주의

깊게 살펴보고 있다고 여기는 거야. "사람들이 서로에게 주는 관심은 제한적이기 마련"(박진영《눈치 보는 나, 착각하는 너》, 63쪽)인데도, 유독 자기 자신에 대한 타인의 관심은 과대평가하는 거야. 그러나 실제는 전혀 다르지. 너희가 다른 사람의 입장이 되어 보면 쉽게 이해할 수 있어. 오늘 하루 길에서 마주친 사람들 중에서 너희가 특별히 관심을 갖고 지켜본 사람이 몇 명이나 될까? 모르는 사람에게도 관심이 많아서 여러 사람을 기억하는 친구도 있겠지만, 대부분은 그렇지 않을 거야.

다른 사람들은 너희를 별로 의식하지 않아. 혹여 의식한다 해도 오래 기억하지 않지. 너희가 이 세상의 중심은 아니야. 물론 너희가 너희 삶의 주인공이긴 하지만, 세상의 주인공은 아니라는 거지. 세상 사람들이 너희를 자기 연극의 주인공으로 여기지는 않잖아. 너희는 연예인도 연극의 주인공도 아니야. 당연히 연예인처럼 모두에게 주목받으려고 할 필요도 없고.

연예인 얘기가 나온 김에 잠깐 연예인에 대해서 이야기해 볼까. 현대 사회에서 연예인은 대중의 우상이 되었지. 즉, 연예인은 대중이 동경하고 흠모하는 대상이 되었어. 그래서 연예인을 따라 하는 경향이 있지. 그런데 우리가 동경하는 연예인의 삶은 화려하기만 할까? 화려한 스포트라이트에도 그늘이 있지. 스포트라이트가 밝을수록 그늘도 깊어지지 않을까? 다만 우리가 보지 못할 뿐이야. 유명하고 잘나가는 연예인들이 종종 자살하는데도 사람들은 그

그늘을 보지 못하지. '아는 만큼 보인다'는 말이 있지만, 이런 상황에선 차라리 '믿고 싶은 만큼 보인다'고 해야 할 것 같아.

　물론 너희를 모르는 어른들이야 너희에게 관심이 없겠지만 너희 친구들은 그렇지 않다고 생각할지도 몰라. 만나면 옷이나 머리 모양에 대해서 이러쿵저러쿵 수다를 떨기 일쑤니 그렇게 생각할 만도 하지. 그런데 잘 생각해 보면, 너희 친구들도 너희에게 그다지 큰 관심이 없기 마련이야. 왜 그럴까? 생각해 봐. 너희는 스스로를 연극의 주인공으로 생각하고 친구들을 관중으로 여기잖아. 그렇다면 그 친구들이라고 다를까?

　마찬가지로 그 친구들 입장에서는 너희가 관중이 되겠지. 그들 마음속 무대의 주인공은 너희가 아니라 바로 그들 자신이야. 나는 다른 사람의 무대에서는 주인공이 될 수 없지. 기껏해야 조연이고 대부분은 그냥 배경일 뿐이야. 당연히 주인공은 관중의 '존재'에 관심이 없어. 주인공이 관심을 갖는 건 자기를 바라보는 관중의 시선이나 자기를 돋보이게 해 줄 조연이나 배경의 역할일 뿐이야. 그러니 저마다 자신의 무대에서 주인공 역할을 하느라 바빠서 주변 사람에게 큰 관심을 둘 여유도, 이유도 별로 없지.

　그러니까 다른 사람을 지나치게 의식하지 않아도 돼. 청소년기는 물론이고 일생에 걸쳐 다른 사람을 의식하면서 보내는 이들이 있어. 그들은 '다른 사람이 나를 어떻게 생각할까?'라는 생각에 끌려다니며 늘 불안해하지. 자기를 괴롭히면서 스스로를 피곤하게 만드는 거야. 그렇게 의식하고 걱정한다고 다른 사람이 관심을 가져 주는 것도 아닌데 말이지. 지나치게 남을 의식하는 것은 결국 자신에 대한 불만족을 방증하지.

3 외모지상주의라는 늪

외모라는 절대 기준

외모 콤플렉스의 이면에는 조명 효과 말고도 우리 사회에 만연한 외모지상주의가 도사리고 있어. 다음 장에서 다이어트를 언급하면서 다시 다루겠지만, 우리 사회는 얼굴과 몸매를 가지고 사람을 평가하고 판단하지. 230여 개의 성형외과가 밀집된 서울의 압구정역과 신사역 단 두 곳에만 153개의 성형 광고가 걸려 있다고 해(2011년 여성민우회 조사). 가히 성형의 시대가 아닐 수 없지. 작년에 한 여고생이 성형수술을 받다 사망하는 사고가 발생했어. 사망 사고가 잇따르자 성형외과 의사들이 대국민사과를 하기도 했지. 의사들이 대국민사과를 할 정도로 사태는 심각한 수준에 이르렀어. 의사들의 부주의도 문제지만, 위험한 성형수술이 그만큼 광범위하게 이뤄지고 있다는 거겠지.

외모를 중요하게 여기는 게 어제오늘의 일은 아니야. 일찍이 아리스토텔레스는 "개인적 아름다움은 그 어떤 증명서보다 위대한 추천서"라고 말했지. 우리 전통에도 인재 등용의 원칙이자 선비의 덕목으로 신언서판(용모, 말씨, 문필, 판단력)을 강조했어. 용모 단정을 요구했던 거야. 다만 현대 사회가 소비 사회로 흐르면서 외모에 대한 강조가 더욱 두드러지게 되었지. 한국 사회만의 문제는 아니지만, 한국 사회가 유독 심하긴 해. 뒤에서 다시 언급하겠지만, 이력서에 사진을 붙이는 나라는 한국과 일본뿐이거든. 어쨌든 현대 사회가 이전 사회와 비교해 얼굴과 몸매 등 신체적 조건을 더 강조하는 건 사실이야.

현대인들은 뭐든 얼굴과 관련지어 생각하고 판단하잖아. 거지도 잘생기면 얼짱 거지이고, 심지어 강도가 예뻐도 얼짱 강도가 되지. 도둑질은 분명 나쁜 행동일 텐데, 도둑질은 잊히고 얼굴만 기억되는 거야. 얼짱, 몸짱, 동안, S라인, V라인, 꿀벅지, 베이글, 개미허리, 명품 다리, 착한 몸매, 미친 몸매 등의 말들이 유행하고 성형 열풍이 들불처럼 번지고 있지. 그야말로 한국 사회는 외모지상주의에 포위당했어. 소설가 박민규는 《죽은 왕녀를 위한 파반느》에서 "자본주의의 바퀴는 부끄러움이고, 자본주의의 동력은 부러움"(308쪽)이라고 말했지. 그 말을 빌리자면, 외모지상주의의 바퀴는 자기 얼굴에 대한 부끄러움이고, 외모지상주의의 동력은 남의 얼굴에 대한 부러움이야.

외모로 인한 차별과 부당 대우는 남성보다 여성에게 더 큰 피해를 주고 있어. 외모에 대한 강조가 남성보다 여성에게 집중되기 때문이지. 여성의 외모는 아무 상관도 없이 언급되고 강조되곤 해. 가령 "미모의 중국 외교부 대변인"(〈조선일보〉 2006년 7월 22일) 같은 식이야. 대변인의 외모는 그 사람이 대변하는 정부의 입장이나 대변인으로서 그의 능력과 아무 관련이 없잖아. 여성의 경우에 연예인이건 정치인이건 스포츠 스타건 공통적으로 그 여성의 얼굴이 주목받아. 대중매체는 "얼짱 골퍼"('메이저 여왕 된 얼짱 골퍼', 〈동아일보〉 2012년 7월 10일)나 "얼짱 선수", "얼짱 교수"처럼 얼굴과 상관없는 분야의 사람들을 얼굴이라는 공통분모로 묶어 버리지. 운동이나 연구를 얼굴로 하는 것도 아닌데 말이야. 연예인이야 겉으로 드러난 모습으로 자신을 드러내는 직업이니까 그렇다 쳐도, 다른 분야까지 외모로 판단하는 것은 문제가 있겠지.

얼굴이 경쟁력인 시대

앞에서 언급했듯 아리스토텔레스는 '아름다움은 위대한 추천서'라고 말했지. 물론 기업들이 얼굴만 보고 사람을 뽑진 않겠지만, 외모조차 스펙이 되어 버렸어. 고교 졸업생들이 '수능 성형'을 하고, 대학 졸업생들이 '취업 성형'을 하는 이유겠지. '취업 ○종 세트'라는 게 있어. 취업을 위해 갖춰야 할 조건을 비유한 표현인데, 처음에는 3종 세트로 시작했다가 지금은 9종 세트로 늘어났어. 기존 3종(학벌, 학점, 영어 점수)에 어학연수, 자격증, 공모전, 인턴, 봉사활동 그리고 마지막이 성형수술이야. 대학생 10명 중 3명이 취업 성형을

외모지상주의를 풍자한 공익 광고

고려한다는 조사 결과가 있지. 참고로, 9종 세트를 다 갖췄다고 취업이 되는 건 아니야. 이는 대기업에 취업하기 위한 자격 요건일 뿐 합격 기준은 아니거든.

누구나 예상하듯이, 기업은 얼굴을 보고 사람을 뽑지. 가령 기업은 당연하다는 듯이 이력서에 사진을 요구하고 있어. 그러나 이력서에 사진을 붙이는 게 당연한 건 아니야. 영국은 이력서에 사진을 아예 붙이지 못하게 하고 있어. 미국과 호주 등은 사진 부착을 금지하진 않지만, 특별히 권하지도 않지. 독일과 프랑스 등은 이력서 형식이 자유로운 편이야. 그래서 사진을 붙이는 건 전적으로 개인의 자유지. 이력서에 반드시 사진을 붙여야 하는 나라는 한국과 일본밖에 없어.

2014년 11월, 반가우면서도 씁쓸한 뉴스가 보도됐지. LG와 아시아나항공 등 일부 대기업에서 지원자에게 증명사진을 요구하지 않겠다는 뉴스였지. 그렇다고 전적으로 외모를 안 보겠다는 건 아니었지만. 왜냐하면 LG 관계자가 인터뷰에서 이렇게 말했거든. "그

동안 과도한 포토샵으로 지원서와 전혀 다른 생김새의 인물이 나타나는 등 문제점이 많았다. 얼굴은 어차피 면접 때 보는데 굳이 사진을 넣을 필요는 없다." 어차피 면접 때 얼굴을 본다? 증명사진은 믿을 수 없다, 얼굴은 면접 때 확인하면 된다, 뭐 그런 이야기 아니겠어. 이 뉴스가 반가우면서도 씁쓸한 까닭이지.

우리 사회는 외모도 입사 자격으로 보고 있는 거야. 결코 과장이 아니지. 한국고용정보원의 2011년 조사 결과에 따르면, '외모'는 확실히 취업의 당락을 가르는 기준이야. 인사 업무 담당자 500명은 구직자의 취업에 영향을 끼치는 요인으로 외모(3.88점)가 성별(3.29점), 외국어 능력 및 해외연수 경험(2.59점), 출신 대학 평판(2.53점)을 앞선다고 답했어(5점 만점 기준). 정말 심각하지 않아? 어떻게 외모가 외국어 능력이나 출신 대학보다 더 중요하게 여겨질 수 있을까? 심리학에선 이를 후광後光 효과라고 설명하지. 후광 효과는 미국의 심리학자 에드워드 손다이크와 고든 올포트가 군대 문제를 연구하다 발견했어. 장교들이 부하를 평가할 때 잘생기고 자세가 바르면 무슨 일이든 잘 처리할 거라고 굳게 믿는 데서 찾아졌지. 얼굴이 후광(대상을 더욱 빛나고 두드러지게 하는 배경)으로 작용했던 거야.

외모는 앞에서 언급한 고용뿐만 아니라 선거나 판결 등에도 영향을 미친다는 연구 결과가 있어. 텍사스대학 경제학과 대니얼 해머메시 교수는 외모와 보수의 상관관계를 밝혀냈지. 잘생긴 남성은 못생긴 남성에 비해 임금이 평균 14퍼센트나 더 높았고, 여성의 경우에는 9퍼센트 정도 높았어.❖ 심지어 갓난아기들의 외모도 신생아실 간호사들에게 영향을 미치지. 예쁜 아기들은 그렇지 않은 아기들에 비해 간호사들의 이목을 끌고, 그만큼 보살핌을 더 많이 받아 성장 속도가 더 빠르지. 물론 후광 효과는 외모에만 해당되지는 않아. 매력적인 외모가 후광이 되기도 하지만, 연예인이라거나 부모가 유명인이라서 후광을 등에 업기도 하지. 사람들이 후광을 중요하게 여길수록 후광을 입은 사람은 다른 부분이 부족하거나 잘못한 게 있어도 나쁜 평가를 덜 받게 되지.

어린이들도 물들인 외모지상주의

통계청이 작성한 '2013년 청소년 통계'에 따르면, 청소년들의 가장 큰 고민은 공부(32.9퍼센트), 직업(25.7퍼센트), 외모(16.9퍼센트) 순이었어. 외모에 대한 관심은 청소년뿐만 아니라 어린이들에게도 광범위하게 퍼져 있지. 2012년 한 어린이 포털 사이트에서 초등학생 2만 명을 대상으로 새해 계획을 묻는 설문조사를 진행했어. 1위가 뭐였

❖ 외모가 개인적 차원을 넘어서 사회적·경제적 권력을 획득하는 중요한 수단이 되고 있다. 이를 일명 '외모 프리미엄'이라고 부른다. 여러 연구가 '외모 프리미엄'을 뒷받침하고 있다. 최근에 영국과 미국, 아르헨티나를 대상으로 한 연구는 '외모 프리미엄'으로 15퍼센트까지 소득이 상승할 수 있다고 보고한다.(캐서린 하킴 《매력 자본》 참고)

을까? '다이어트'였지. 5위는 '키 크기'였어. 새해에 꼭 이루고 싶은 소원도 물었지. 1위는 "키도 크고 훈남과 훈녀가 되게 해 주세요"였어. 23퍼센트나 그렇게 답했지. 예전에 서울의 서초구청에서 개설한 '어린이 비만 클리닉'에 무려 442명의 어린이가 몰렸어. 놀랍게도 초등학교 4~6학년의 경우에 본인이 원해서 찾아온 어린이가 많았지.

물론 어린이나 청소년의 잘못이 아니야. 어른들이 끊임없이 그런 문화를 만들어서 퍼뜨리고 있으니까. TV 속 연예인들은 하나같이 예쁘고 날씬해. 드라마나 영화 속 주인공들은 모두 예쁘고 잘생겼지. 마치 예쁘고 잘생긴 사람들만이 세상의 주인공이라는 듯이 말이야. 예외는 없어. 드라마나 영화 같은 시각 중심의 매체뿐만 아니라 소설 같은 문자 중심의 매체도 마찬가지야. 예로부터 이야기의 주인공은 늘 미남미녀 차지였어. 심지어 어린이들이 읽는 책들도 외모지상주의에 물들어 있지.

《뷰티걸 & 날씬녀 프로젝트》,《스마트 걸 : 뷰티 & 건강》,《내 몸이 예뻐지는 다이어트》,《차밍스쿨》,《예쁜 걸이 되는 법》,《뷰티 사이언스》,《뷰티걸 프로젝트》,《몸짱 뷰티북》,《몸매 짱이 될 테야》,《(남친을 사로잡는) 뷰티파일》,《예뻐지기 위해 노력하는 아이, 고민만 하는 아이》… 이 책들은 모두 성인용이 아니라 아동용이야. 물론 어린이들도 자기 외모에 관심을 갖고 꾸밀 수 있지. 문제는 이런 책들이 획일적인 아름다움을 조장한다는 거야. 오똑한 콧날, 달걀형 얼굴, 날씬한 몸매 등 특정한 외모만이 아름답고 좋다는 생각을 심어 주거든. 오늘날의 아름다움은 획일적인 아름다움이 되어 버렸지.

이런 세상에서 너희뿐만 아니라 성인들도 비슷한 고민과 어려움을 겪고 있어. 비누나 샴푸로 유명한 도브라는 회사가 있지. 이 회사에서 외모와 관련해 재미있는 실험을 진행했어. 여성들이 자기 외모에 대해 어떻게 생각하는지 알아보는 실험이었지. 실험 방법은 간단해. 먼저 실험 참가자들이 화가에게 직접 자기 얼굴을 묘사해 그리도록 했지. 다음으로 타인이 화가에게 실험 참가자의 얼굴을 설명해 그리게 했어. 화가는 모델의 얼굴을 전혀 보지 않은 상태에서 두 가지 묘사에 기초해 각각의 얼굴을 그렸지.

도브가 공개한 초상화를 보면 두 그림의 차이가 확연하지. 다른 사람이 모델의 얼굴을 설명해서 그린 초상화보다 모델이 자기 얼굴을 직접 묘사해서 그린 초상화가 훨씬 더 못생기게 그려져 있어. 그러니까 본인이 스스로에 대해서 생각하는 것보다 타인은 그 사람을 더 예쁘게 바라보는 거지. 다만 본인만 그 사실을 모를 뿐이야. 특별히 못생긴 것도 아닌 대부분의 여성이 자기 외모가 못났다고 여기지. 여성의 4퍼센트만이 자신을 아름답다고 생각해. 그러나 도브의 초상화 실험이 보여 주듯 대부분의 여성은 자기 생각보다 훨씬 더 아름답지.

4 외모에 무신경해지자!

비교하지 말기, 거울 없애기

성형수술❖을 하면 자신감이 생길까? 아주 심각한 외모 콤플렉스가 아니라면, 대부분 착각에 불과하지. 왜냐하면 자신감의 문제는 꼭 외모 때문에 생기는 게 아니거든. "성형수술 하고 자신감을 찾았다." 누군가 이렇게 말한다면 그 사람은 외모 말고 다른 부분에서 얼마간 자신감을 가지고 있었을 거야. 학업이나 직업, 대인 관계 등에서 얼마간 자신감이 있었기 때문에 성형이 기폭제 역할을 했겠지.

하지만 외모 말고 다른 부분에서 자신감이 부족하다면 성형으로 얼굴이 좀 달라지더라도 갑자기 자신감이 생기기는 어렵겠지. 대인 관계나 가족 관계, 사회적 성취에서 겪는 어려움 때문에 자신감이 부족한 사람이 성형수술을 한다고, 갑자기 애인이 생기고 가족과 화목해지며 좋은 직장을 구할 수 있는 건 아니야. 주로 이런

❖ 한국은 세계 1위의 성형 공화국이다. 2013년 국제미용성형외과협회 보고서에 따르면 전체 성형수술 및 미용 시술 건수에서 우리나라는 세계 7위를 차지했다. 한 해 100만 건에 달했다. 이를 인구 1만 명당 건수로 계산하면 세계 1위에 해당됐다. 성형수술의 경우 1만 명당 131건으로, 2위 이탈리아의 116건, 3위 미국의 100건을 여유 있게 제쳤다. 미용 시술은 1만 명당 79건으로 2위 미국 65건, 3위 이탈리아 64건을 제쳤다. 한국보건연구원의 조사에 따르면, 우리나라에서 시행되고 있는 미용 성형 시술의 종류가 무려 130여 개에 달한다고 한다.

사람들이 성형에 중독될 가능성이 높지. 얼굴 한 군데를 고쳐도 인생은 나아질 줄 모르고, 그러다 보면 어느새 다른 곳이 못나 보이게 마련이니까 말이야. 심각한 외모 콤플렉스를 겪고 있다면 성형은 문제를 푸는 실마리가 될 수 있겠지. 그러나 성형이 만능열쇠는 아니야.

자신감은 외모뿐만 아니라 경제적 여건, 신체적 건강, 원만한 관계, 직업적 능력, 지적인 충족감, 사회적 영향력 등 다양한 요인과 관련되지. 성형을 통해 인생이 긍정적으로 바뀌길 기대하지만, 현실은 기대와 다르지. 물론 그런 기대가 충족되는 것처럼 느껴질 수도 있어. 잠시 동안 말이야. 그러나 얼마 지나지 않아서 자신을 괴롭히던 문제들과 다시 직면하게 되지. 성형이 인생의 문제를 해결해 줄 순 없으니까. 성형으로 외모가 좀 나아진다고 삶의 문제들이 실타래 풀리듯이 해결되진 않아. 자신감을 되찾는 좋은 방법은 사람들과 좋은 관계를 맺는 거야. 돈독한 인간관계는 개인이 자신감을 갖는 데 있어 중요한 부분이지.

많든 적든 누구나 외모로 놀림 받았던 '피해의 기억'과 놀려 먹었던 '가해의 기억'을 동시에 가지고 있어. 대체로 그렇지. 자신도 외모 콤플렉스에 시달리면서도 함부로 남의 외모를 평가하고 놀리는 거야. 즉 모두가 가해자이면서 피해자인 셈이지. 외모지상주의를 해결할 실마리는 바로 우리들 자신에게 있어. 완전히 외모를 무시할 순 없겠지만, 외모와 관련된 잘못된 관습에 대해선 단호하게 선을 그어야 해. 가령 외모를 가지고 사람 평가(비난)하지 말기, 포토샵으로 보정한 말라깽이 모델들만 수두룩한 잡지 안 보기, 못생기거나 뚱뚱한 외모를 폄하하는 코미디 프로그램 안 보기(보더라도 시청자 게시판 등에 항의하기), 사람을 외모가 아닌 그 사람 자체로 보려고 노력하기 등등.

누군가 이렇게 말했지. "거울의 발명은 인류 역사의 최대 비극이다." 오랫동안 인류는 다른 사람의 생김새만을 볼 수 있었어. 연못 수면 같은 곳에 자신의 얼굴을 비춰 볼 순 있었지만, 아른거리는 물에 비친 얼굴은 뚜렷이 보이지 않았지. 그런데 거울이 발명되고 널리 쓰이면서 사람은 자기 외모를 분명하게 볼 수 있었어. 또한, 자기 얼굴을 남의 얼굴과 세세하게 비교할 수 있게 되었지. 거울을 들여다보면서 자신과 타인의 외모를 비교하는 태도를 상징적으로 보여 주는 사례가 〈백설 공주〉 이야기지. 마녀는 밤낮 거울을 보면서 "거울아, 거울아, 이 세상에서 누가 제일 예쁘니?"를 되뇌잖아.

거울을 보며 남과 비교하는 데서 불행이 싹트지. 다른 사람과 비교해서 늘 행복할 사람은 없으니까.(비교에 관해선 3장에서 자세히 살펴볼게.) 아무리 예쁜 사람이라도 맘에 안 드는 얼굴 부위는 있게 마련이지. 사실 백설 공주와 비교하지 않았다면, 마녀도 충분히 예쁜 사람이었어. 이처럼 거울 사용에는 분명한 맹점이 있지. 거울을 너무 자주, 뚫어져라 쳐다보는 습관은 외모로 고민하는 사람에게는 좋지 않지. 그럴수록 자기 외모의 부족함이 더욱 도드라져 보이니까. 이쯤 되면 거울은 "비밀스럽고 의뭉스러우며 위태로운"(김숨《나의 아름다운 죄인들》, 57쪽) 물건이 아닐 수 없겠지. 그러니까 집 안에서 불필요한 거울을 과감히 없애고, 가능하면 손거울 등도 치워 버려야 해. 그게 정신 건강에 훨씬 이롭지.

첫인상이 전부는 아니다

링컨은 "사람은 나이 40이 되면 자기 얼굴에 대해서 책임을 져야 한다"고 말했지. 살아온 삶과 인품이 얼굴에 나타난다는 뜻이야. 얼굴은 본디 타고나는 것이지만 동시에 나날의 삶과 함께 만들어진다고 할 수 있어. 하지만 나날의 얼굴도 타고난 본바탕 위에서 만들어지겠지. 그렇다면 얼굴에는 자기가 책임질 수 없는 부분이 여전히 남아 있는 게 아닐까? 괴물같이 생겨서 어두운 표정의 사람에게, 밝은 표정은 못생긴 얼굴도 빛나게 한다고 말한들, 밝은 표정을 짓게 될까? 밝은 표정, 정직한 눈빛, 진실한 자세… 그 무엇을 갖다 놓아도 타고난 본바탕이 별로라면 사람들은 신뢰하지 않을 거야.

아마도 인간관계를 처음 맺을 때 외모가 중요하게 작용하기 때문에 빚어진 문제겠지. 이때의 외모는 첫인상과 관련되지. 초두 효과primacy effect라는 게 있어. 초두 효과란 인상 형성 과정에서 최초에 제시된 정보가 전체 인상을 결정짓는 현상을 의미하지. 첫인상이 중요한 이유가 바로 초두 효과 때문이야. 처음 3분 동안의 인상이 나빴다면, 그다음에 아무리 노력을 해도 망가진 이미지를 좀처럼 바꾸기 어려워.

그런데 첫인상을 결정하는 건 생김새만이 아니야. 생김새 말고 표정이나 분위기도 중요하니까. 빼어난 얼굴은 아니더라도 밝은 미소와 환한 분위기로 좋은 인상을 줄 수 있어. 유머와 웃음도 중요하지. 미소, 밝음, 유머, 그런 것들은 내면의 인상에서 나오는 게 아닐까? 실제로 우리 주변에는 그런 사람들이 있지. 타고난 외모는 별로인데도, 특유의 밝음과 활달함으로 매력을 발산하는 사람들 말이야. 게다가 첫인상이 전부는 아니지. 첫인상은 관계의 첫 단추일 뿐이야. 첫인상이 좋더라도 같이 지내면서 호감을 주지 못한다면 뛰어난 외모도 소용이 없겠지. 외모가 아름답지 않아도 내면이 아름답다면 언젠간 사람들에게 호감을 줄 수 있어. 진흙 속 진주도 진주는 진주니까. 시간이 걸리더라도, 진흙을 털어 낼 역전의 기회는 분명 오게 돼 있지. 첫인상은 첫인상일 뿐이야.

커다란 주머니를 가진 식물이 있어. 꿀샘 덕분에 주머니의 입구는 아주 달콤하지. 거기다 모양까지 화려하기 그지없어. 달콤한 맛과 화려한 외양에 이끌린 곤충들이 식물의 주머니로 모여들지. 그런데 곤충들을 기다리는 건 달콤한 죽음이야. 이 식물은 네펜데스라는 식충 식물이지. 네펜데스는 곤충부터 작은 동물까지 잡아먹어. 식충 주머니가 얼마나 큰지 새끼 쥐나 작은 새까지 잡아먹을 정도지. 아름다움이 반드시 파멸을 동반한다는 뜻은 아니야. 다만 아름다움은 언제든 미끼가 될 수 있지. 누구든 마음을 놓으면 외모에 낚일 수 있지만, 우리는 외모에 관한 한 방심하는 편이야.《도덕경》(12장)은 이렇게 말하지. "오색령인목맹(五色令人目盲)." 오색, 즉 겉으로 드러난 여러 빛깔이 사람의 눈(人目)을 멀게 한다는 뜻이야.

너희는 볼수록 깨는 사람이 되고 싶니, 아니면 볼수록 끌리는 사람이 되고 싶니? 볼수록 끌리는 사람이 되려면 오히려 눈에 보이지 않는 것에 신경 써야겠지. 바람둥이의 대명사로 알려진 카사노바는 그리 잘생긴 얼굴이 아니었다고 해. 천하의 영웅 카이사르와 안토니우스를 사로잡은 클레오파트라도 미녀가 아니었다고 하지. 2000년 전에 사용됐던 로마 시대 은화를 연구한 결과에 따르면 그렇대. 클레오파트라를 사랑했던 안토니우스가 그녀를 위해 만들었다는 은화를 보면, 클레오파트라는 좁은 이마에 뾰족한 턱, 얇은 입술, 길고 날카로운 코를 가지고 있어. 아마도 절세미녀의 이미지는 후대에 만들어진 걸로 짐작되지.

그런데도 클레오파트라는 천하의 영웅들을 쥐락펴락했지. 비결은 세련된 매너와 화려한 화술에 있었어. 클레오파트라는 매너와 화술로 뭇 남성들의 마음을 녹였지. 매너와 화술의 바탕에는 풍부한 교양이 깔려 있었어. 클레오파트라는 어려서부터 무척 총명했고, 책을 많이 읽어서 교양이 풍부했다고 하지. 외국어에도 천부적인 소질을 보였어.《플루타르크 영웅전》으로 유명한 고대 철학자 플루타르코스는 "클레오파트라의 혀는 마치 각기 다른 음을 내

는 여러 개의 악기와도 같았다. 그가 구사할 수 있는 외국어는 에티오피아어, 아랍어, 시리아어 등 이루 헤아릴 수 없을 정도로 많았다"고 전하지. 매너와 화술로 여성들을 호린 건 카사노바도 마찬가지야.

그리고 가장 중요한 것은 자기를 아끼고 사랑하는 거야. 여기서 자기를 사랑한다는 게 자기밖에 모르는 이기주의를 뜻하진 않아. 설사 외모든, 능력이든, 사회적 기준에 미달하더라도, 자기를 있는 그대로 긍정하고 자기가 소중한 존재라는 것을 잊지 않는 태도야. 자기를 아끼는 사람만이 타인도 아껴 줄 수 있지. 즉 타인과도 원만히 잘 지낼 수 있어. 마르크스는 《경제학-철학 수고》에서 이렇게 말했지. "인간이 자기 자신과 맺는 일체의 관계는 인간이 다른 인간과 맺는 관계 속에서 비로소 실현되고 표현된다."(96쪽)

5 뒤쪽이 진실이다

매력적인 얼굴이 불러일으키는 의식 상태('저 사람은 괜찮은 사람일 거야')는 착시이자 눈속임이야. 어떤 경우에도 매력적인 얼굴은 인품과 능력을 보장하지 않지. 우리 모두가 아는 진실이야. 그런데도 우리는 매번 매력적인 얼굴 쪽으로 기울지. 매혹적인 얼굴의 환영이 치명적인 유혹인 탓이야. 한마디로 매혹적인 얼굴은 '악의 꽃'이지. 그것은 악마의 덫이자 유혹의 꽃이야. 미셸 투르니에는 《뒷모습》에서 얼굴과 앞모습에 속지 말라고 당부했어. "남자든 여자든 사람은 자신의 얼굴로 표정을 짓고 손짓을 하고 몸짓과 발걸음으로 자신을 표현한다. 모든 것이 다 정면에 나타나 있다. 그렇다면 그 이면은? 뒤쪽은? 등 뒤는? 등은 거짓말을 할 줄 모른다. (…) 뒤쪽이 진실이다." 뒤쪽을 꼭 '등 뒤'로 제한할 필요는 없을 거야. 뒤쪽은 우리가 흔히 간과하는 사물의 진실을 뜻할 거야. 우리는 앞쪽이, 또는 얼굴이 거짓일 수 있음을 명심할 필요가 있어. 물론 그렇게 생각한다는 게 현실적으로 쉽진 않을 거야. 세상이 이미 지독한 외모지상주의에 물든 탓에 말이야.

도대체 외모지상주의를 "부추기는 것은 누구이며, 그로 인해 힘들어지는 것은 누구인가 (…) 또 그로 인해 (…) 이익을 보는 것은 누구"(박민규 《죽은 왕녀를 위한 파반느》, 308쪽)일까? 도대체 빼어나게 예쁘고 잘생긴 사람들이 몇 퍼센트나 되겠어. 1퍼센트가 될까 말까 하겠지. 온갖 외모 프리미엄을 누리며 이득을 보는 건 오직 1퍼센트뿐이지. 외모가 다른 조건들을 모두 이긴다는 뜻은 아니야. 다른 조건이 같다면 외모에 따라 승패가 갈린다는 거지. 결국 99퍼센트가 제 외모를 부끄러워하고 1퍼센트를 부러워하는 외모지상주의는 오직 잘난 1퍼센트를 위한 것일 뿐이야. 잘난 1퍼센트가 평범하게 생긴, 혹은 못생긴 나머지 99퍼센트를 내려다볼 때, 나머지 99퍼센트는 그들을 올려다보지. "99퍼센트의 인간들이 1퍼센트의 인

간들에게 꼼짝 못하고 살아"(박민규 《삼미 슈퍼스타즈의 마지막 팬클럽》,
174쪽)가는 거야.

외모지상주의와 승자 독식의 자본주의는 쌍생아라 할 수 있
지. 승자 독식은 경쟁에서 이긴 사람이 보상을 독차지하는 걸 뜻
해. 대한민국이 100명으로 이루어진 마을이고, 이 마을의 전체 재
산이 100만 원이라고 해 볼까. 이 마을에선 단 1명이 26만 원의 재
산을 갖지. 그다음 4명이 24만 원의 재산을 소유해. 벌써 5명의 사
람이 마을 재산의 절반을 차지한 셈이야. 그리고 5명이 15만 원을,
40명이 32만 원을 나눠 갖지. 이제 마을 사람들의 절반인 50명이
남게 돼. 이들이 가진 재산은 고작 2만 원에 불과하지. 정확히는 만
7천 원이야.('전체 자산 1.7퍼센트 놓고 국민 절반 경쟁', 〈한겨레〉 2015년 10월
29일) 그러니까 마을의 절반이 고작 2만 원도 못 되는 돈을 두고 경
쟁하는 셈이지. 이게 바로 승자 독식 대한민국의 민낯이야.✤

모든 경쟁은 이전 경쟁의 승자가 더 나은 우위 속에서 출발해.

✤ 1퍼센트 대 99퍼센트. 마치 우리는 열심히 노력하면 99퍼센트도 1퍼센트가 될
수 있다고 생각하지만, 그건 어디까지나 착각에 불과하다. 우리는 공정한 경쟁을
한다고 착각하지만, 공정한 경쟁 같은 건 없다. 자본주의 사회에서 최소한의 자
본이 없다면 시장 경쟁에 진입할 기회조차 얻지 못한다. 토마 피케티는 이를 '세
습 자본주의(patrimonial capitalism)'라고 진단했다. '세습 자본주의'는 "노동과
학업만으로는 상속받은 부와 그로부터 벌어들이는 소득으로 누릴 수 있는 안락
함을 얻기 힘"(《21세기 자본》, 291쪽)든 체제다. 이렇게 되면 경쟁 자체가 의미를 잃
게 된다. 어차피 이전 경쟁의 승자가 다시 승자가 될 텐데, 경쟁한들 무슨 의미가
있을까.

그리고 최종 승자는 늘 최대의 몫을 가져가지. 명분은 더 많은 사회적 가치를 창출했다는 거야. 결국 경쟁이 반복될수록 승자는 기득권을 강화하고, '완전 경쟁'이 '불완전 경쟁'으로 퇴화하며, 궁극적으로 경쟁 자체가 스스로 소멸하고 말지. 이것이 우리가 사는 세상의 모습이야. 대한민국이라는 마을에서 99명의 인간들이 아무리 발버둥 쳐도 1명의 인간에게 꼼짝 못하는 거지. 외모지상주의든 승자 독식의 자본주의든 다 마찬가지야. 그렇다면 외모지상주의든 자본주의든 문제 해결의 길도 같지 않을까? 99퍼센트가 자신의 위치를 깨닫고 1퍼센트를 위한 세상에 휩쓸리지 않는 거야.

　독재자의 힘은 어디에서 나올까? 바로 지배받는 자의 내면에서 나오지. 〈오즈의 마법사〉에는 강력한 마법사가 나와. 도로시 일행은 마법사의 명령에 따라 서쪽 나라의 사악한 마녀가 가진 빗자루를 훔쳐 오지. 그들은 마법사가 강력한 힘을 지녔다고 믿기 때문에, 마법사의 말에 절대적으로 복종해. 그런데 강아지 토토가 칸막이 커튼을 잡아당기자 마법사의 정체가 탄로 나지. 그는 단지 커다란 소음과 연기를 내는 기계를 조작하는 평범한 노인일 뿐이었어. 실제로는 힘없는 노인에 불과했지만, 모두가 마법사를 막강한 힘을 가진 존재라고 생각했지. 그 생각이 노인에게 막강한 힘을 부여했던 거야. 두려움은 두려움을 먹고 자라지.

　〈용쟁호투〉라는 오래된 영화에는 이런 대사가 나와. "명심하거라. 상대는 관념이며 환영이다." 그 대사처럼 우리를 지배하는 건 어쩌면 관념이며 환영이 아닐까? 그 관념과 환영에 실체와 힘을 불어넣어 주는 건 다름 아닌 바로 우리들 자신이고. 지배받는 자가 두려움을 버리면 독재자가 광채와 힘을 잃는 것처럼, 외모에 지배받는 자가 부러움과 부끄러움을 버리면 외모지상주의도 동력을 잃고 저절로 무너질 수 있어. 그러려면 타인을 외모 말고 다양한 관점에서 보려고 노력하고,❖ 동시에 다양한 아름다움을 볼 수 있어야겠지. 더불어 타인의 외모에 대해서 그렇게 대하는 동시에 자신의 외모에 대해서도 좀 더 관대해질 필요가 있어.

"클라이머에겐 클라이머다운 몸이 제일 예쁜 것 같아요."(KBS 〈세 번의 만남〉 2011년 5월 14일 방송) 클라이밍(암벽 등반) 선수 김자인이 한 말이야. 클라이밍을 하면 근육이 많이 나와서 여성다움이 줄어들지 않느냐는 질문에 대한 대답이었지. 우리는 누구에게나 자기만의 아름다움이 있다는 사실을 명심해야 해. 세상이 정해 놓은 획일적인 얼굴과 몸매가 아니라. 다음 장에서는 획일적인 외모의 문제를 얼굴에서 몸매로 넓혀서 살펴보도록 하자.

❖ 얼굴은 신체 부위 중에서 가장 눈에 띄는 부분이라, 손쉽게 차별의 땔감이 되곤 한다. 매력적인 얼굴에 끌리는 마음이 인지상정이라 해도, 그것이 차별로 이어져서는 안 될 것이다. 인종 차별이든 외모 차별이든 얼굴이 차별의 근거가 되면 곤란하다.

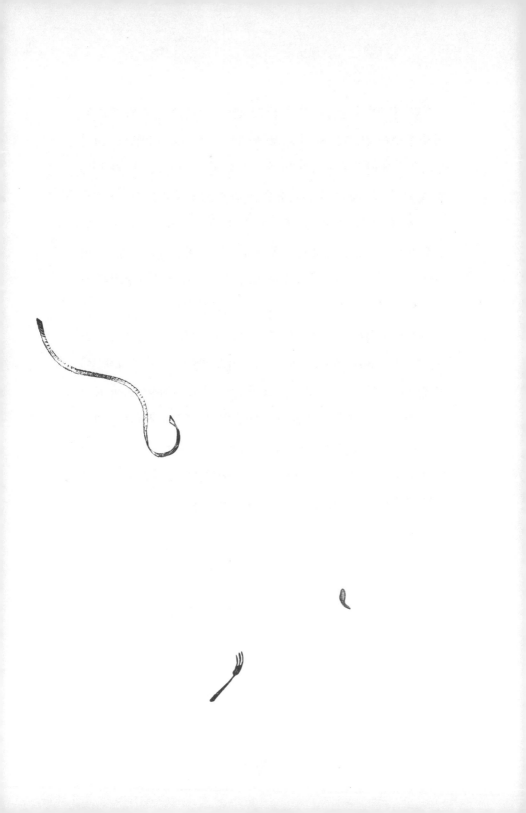

2장

내 몸을 사랑할 순 없나?:
전쟁터가 되어 버린 몸

1 너의 무게

바비 인형이라는 괴물

"웬만하면 투자 좀 해라." 〈우생순〉의 임순례 감독이 만든 〈그녀의 무게〉라는 단편 영화에 나오는 대사야.(이 영화는 여섯 편의 단편으로 구성된 〈여섯 개의 시선〉에 실려 있어.) 실업계 여자고등학교에서 한 교사가 다소 통통한 여학생을 가리키며 한 말이야. 영화 속 실업계 교사들은 취업 지도라는 이름 아래 정기적으로 여학생들의 몸무게를 재고 몸매를 평가하며 성형수술을 권장하지. "투자 좀 해라"는 돈을 들여서라도 살을 빼든 얼굴을 고치든 하라는 말이었던 거야. 영화는 코미디의 옷을 입고 있지만, 교사가 학생에게 성형을 권하는 씁쓸한 현실에서 마냥 웃을 수만은 없지. 말 그대로 '웃픈' 현실이야.

실업고(현재는 특성화고)만의 얘기일까? 대입 수험생, 특히 여학생들이 수능이 끝나고 가장 받고 싶은 선물이 뭘까? 바로 성형수술이야. 그래서 수능이 끝나자마자 성형외과로 달려가지. 그러니 실업계고 얘기만은 아닌 거야. 물론 일반계고에선 대놓고 성형이나 다이어트를 권하진 않겠지. 그러나 일반계고에서도 교사들은 학생의 외모를 평가하거나 외모로 학생을 판단하지. "넌 예쁜데 왜 공부를 못하니?" "뚱뚱한 사람들은 이성에게 인기가 없다."(나윤경 외 〈십대 여성의 외모중심 인식을 추동하는 일상과 성형의료산업〉 참고) 실제로 교사들이 학생들에게 하는 말들이야. 교사들도 외모를 중시하는 인식에서 결코 자유롭지 않은 거지.

사실 예쁜 것과 공부를 잘하는 것은 아무 상관이 없어. 그러나 교사들은 첫째로 성적, 둘째로 외모로 학생들을 차별하지. 이런 현실에서 청소년들이 자신을 인정받는 길은 공부를 잘하거나 외모가 출중하거나, 둘 중 하나밖에 없어. 대부분의 여학생들이 성형이나 다이어트에 대해서 고민하지. 학교에서 얘기하지 않아도, 사회가 끊임없이 '더 예뻐져라'고 요구하고 있으니까. 심지어 방학을 이용해 성형수술을 받는 학생들도 있어.

외모가 능력인 시대야. 생김새나 몸매까지도 스펙이 된 거지. 어떤 외모가 각광받을까? 작은 얼굴에 8등신, S라인, 매끈하게 쭉 뻗은 다리… 이런 몸이겠지. 그런데 이런 몸이 자연스러운 몸일까? 사람들이 되고자 하는 몸은 인간의 몸이 아니라 마네킹의 몸에 가깝지. 모두들 마네킹이나 바비 인형이 되기 위해 애쓰고 있어. 바비 인형의 몸매를 가진 사람이 실제로 있다면 신체 사이즈가 어떻게 될까? 36-15-33이야. 완전히 기형적인 몸이지.

바비 인형의 커다란 가슴과 잘록한 허리, 그리고 탱탱한 엉덩이. 누가 이런 여성의 몸을 만들어 낸 걸까? 그것은 여성이 아니라 남성이 머릿속으로 상상하는 '성적인 몸'이야. 여성의 신체는 철저히 남성의 시각에서 재현되지. 소주 광고가 대표적이야. 소주 광고의 모델들은 대개 젊고 아름다운 여성들이지. 소주의 주된 소비자가 남성이기 때문이야. 광고 속 여성의 몸은 오직 한 가지 목적에서 시각화되지. 바로 남성 소비자의 시선 사로잡기!

내 욕망은 타자의 욕망이다

그렇게 남성의 욕망이 투사된 결과로 바비 인형 같은 괴물이 탄생한 거야. 물론 여성이 욕망하는 것은 남성의 욕망이 아니라고 주장할 수도 있어. 여성은 그저 자기 욕망을 따를 뿐이라고 말이야. 그런데 순수한 자기 욕망이란 게 있을까? 모든 욕망은 결국 사회적인 욕망이 아닐까? 즉 "우리는 타인의 욕망을 욕망한다"(라캉)라고 할 수 있지. 그래서 니체는 이렇게 말했어. "여자들의 모든 결함은 남자들에 의해 씻겨지고 고쳐지지 않으면 안 된다. 왜냐하면 남자는 제멋대로 여성의 상*을 그렸고, 여성은 그 이미지를 흉내 내어 자신을 만들었기 때문이다."(《즐거운 지식》) 한마디로 여성은 남성이 만들어 낸 이미지를 욕망하고 모방한다는 뜻이지.

르네 지라르는 《낭만적 거짓과 소설적 진실》에서 욕망이 직선적이지 않다고 말했어. 즉 욕망하는 주체와 욕망의 대상은 직선으로 연결되지 않는다는 거야. 그 사이에는 제3자, 다시 말해 중개자가 끼어들지. 우리가 대상을 직접 욕망하는 것 같지만, 실제로는 대상과 관련된 제3자를 욕망한다는 거야. 이게 무슨 말일까? 가령 《돈키호테》에서 돈키호테는 이상적인 방랑 기사가 되고 싶어 하는데, 이 욕망은 돈키호테 내면에서 자연스럽게 생겨난 게 아니라 아마디스라는 전설 속의 기사를 모방하면서 생겨난 거지. 마찬가지

로《마담 보바리》의 주인공 엠마는 '3류 소설'을 모방하면서 상류
사회를 욕망하지.

　우린 어떨까? 우리 역시 주변 사람들을 모방하거나 엠마 보바
리처럼 '3류 소설'을 모방하고 있지 않을까? 우리가 하루도 거르지
않고 보는 TV는 엠마가 모방한 3류 소설과 다르지 않지. 왜냐하면
대중매체는 우리가 모방할 대상들을 끊임없이 제공하고 있으니까.
현대의 스타들은 바로 모방의 '중개자'들이야. 현대인의 삶을 한마
디로 요약하면 '연예인 따라잡기'가 아닐까? 어떤 스타가 드라마에
서 하고 나온 의상과 액세서리는 실시간 검색어에 오르고, 이내 사

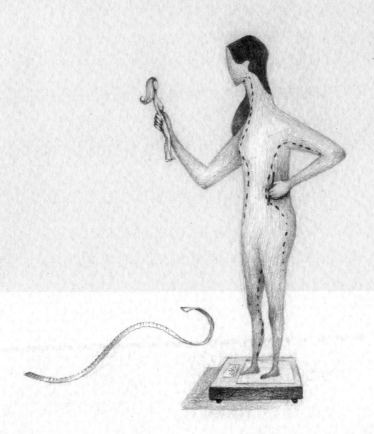

람들은 그 물건의 브랜드, 가격, 구입처 등에 대한 정보를 빠르게 공유하지. '완판녀'라는 신조어는 이런 현상을 잘 보여 주지. '완판녀'란 TV 같은 대중매체에 나와서 특정 제품이 매진될 만큼 판매를 부추긴 여성 연예인을 의미해.

물론 연예인들의 외모도 모방의 대상이 되지. 롤랑 바르트는 《기호의 제국》에서 이렇게 말했어. "우리 얼굴이 '인용'이 아니면 또 무엇이란 말인가?" 우리의 얼굴 표정, 머리 모양, 화장하는 방식 등은 모두 타인의 얼굴에서 인용되지. 가령 미용실에 놓여 있는 샘플북을 생각해 봐. 웹에서 아바타를 고르듯이 내가 원하는 머리 모양을 고르잖아. 다른 얼굴을 모방하는 형태는 성형에서 정점을 이루지. 기존의 얼굴은 해체되고 모방하고자 하는 얼굴로 재구성되잖아. 그렇게 비슷한 눈꼬리와 비슷한 콧대와 비슷한 턱을 가진 얼굴들이 찍혀 나오는 거야. 얼굴의 개성은 지워지고 사라지지. 우리 시대에는 개성 있는 얼굴이 사라지고 탈착 가능한 가면만 즐비할 뿐이야.(강영안 〈얼굴과 일상〉 참고)

아름다움이 우리를 억압한다

아름다움을 향한 열정은 무섭고 놀랍지. 그것이 몸매든 얼굴이든 간에, 여성들은 사회가 만들어 놓은 상*을 자신의 신전에 모셔 놓고, 그것과 비슷해지기 위해 의식을 치르듯 뼈를 깎고 지방을 빼내며 신체를 학대하지. 심지어 먹은 것을 게워 내기도 해. 아름다워질

수만 있다면 그런 고통쯤이야 아무렇지 않다는 듯이 말이야. 아름다워지려는 열정이 무서운 이유는 그것이 외모지상주의라는 견고한 성채를 더욱 견고하게 만들기 때문이야. 대부분의 사람들은 욕망의 성채이자 억압의 감옥에 갇혀 살지.

외모지상주의의 인질이 된 청소년들 역시 거리낌 없이 성형수술을 받으려고 하지. 과연 이런 사회를 정상이라 할 수 있을까? 청소년들까지 성형외과를 드나드는 현실을 정상이라 보기는 어렵겠지. 비정상의 사회에서 비정상으로 낙인찍힌 채 살아가는 친구들이 있을 거야. 뚱뚱하다는 놀림 속에 학교생활에서 어려움을 겪는 친구들 말이지. 사실은 살찐 그들이 아니라 이 사회가 비정상인 거야. 살이 좀 쪘다고 괴물 취급하는 이 사회가 진짜 괴물이지. 어쨌든 이 비정상의 사회에서 살이 찐 이들은 번번이 다이어트를 시도하고 실패의 고배를 마시곤 해.

해마다 미국인들은 다이어트를 위해 400억 달러를 넘게 쓴다고 하지. 우리 돈으로 45조 원이 넘는 엄청난 액수야.✤ 세상엔

✤ 전 세계적으로 외모 가꾸기에 쓰는 돈은 최소한 136조 원에 달한다. 머리에 45조 원, 화장품 및 향수에 38조 원, 피부에 28조 원, 성형에 23조 원이 쓰인다. 국제미용성형외과의사협회(ISAPS)의 2011년 조사 결과를 보면, 21조 원에 이르는 세계 성형 시장에서 우리나라가 차지하는 규모는 5조 원으로 약 4분의 1에 해당한다. 5조 원이면 국내 홈쇼핑 시장 규모와 맞먹는 수준이다. 그러니까 우리나라에선 텔레비전을 보며 홈쇼핑을 하듯이 성형을 하고 있는 셈이다. 2010년을 기준으로, 한국의 다이어트 관련 산업 매출은 3조 원을 넘었다.

그만큼 수많은 다이어트 방법들이 있어. 전 세계적으로 무려 2만 6000가지가 있다고 하니까, 말 다했지. 다이어트 방법들은 왜 그렇게 많을까? 확실하게 효과적인 방법이 없어서가 아닐까? 효과가 있었다면 그렇게나 많은 방법들이 새로 개발되진 않았겠지.

미국인들은 다이어트에 엄청난 돈을 쏟아붓고 있지만 만족할 만한 결과를 못 얻고 있어. 다이어트를 하는 미국인들 중 95퍼센트 정도는 1~5년 이내에 다시 체중이 늘어난다고 하지. 그러니 쓸데없이 돈 낭비, 시간 낭비 하지 말고 지금부터 알려 주는 방법을 참고하도록 해. 이제부터는 번번이 다이어트에 실패한 친구들에게 도움이 되는 심리학 실험을 소개해 줄게. 단, 지금 소개하는 방법은 모든 여학생들을 대상으로 한 건 아니야. 어디까지나 의학적 의미의 정상 체중을 벗어난 친구들에게 알려 주는 방법들이지. 이제 소개할 방법은 정상 체중인 친구들을 위한 게 아니니까 그런 친구들은 괜히 따라 하지 말고 읽기만 해.

정상 체중(정상 체중의 정확한 기준은 잠시 뒤에 나와)인데도 스스로 뚱뚱하다고 생각하는 여학생들이 많지. 우리나라 여성의 95퍼센트가 자신이 뚱뚱하다고 생각한다는 조사 결과가 있을 정도니까. 이는 일종의 심리적 비만이야. 의학적으로 전혀 문제가 없는 정상 체중인데도, 자신이 뚱뚱하다고 여기는 거지. 이는 한국 사회가 여성의 몸에 대해 얼마나 왜곡된 인식과 잣대를 가지고 있는지 여실히 보여 주는 증거야. 사회가 너희에게 요구하는 미의 기준이 지나치게 높고 획일적이며 까다롭다는 뜻이지. 그와 같은 기준은 미디어에 의해 끊임없이 생산되고 유포되지. 살이 찐 게 잘못은 아니니까, 더는 자신의 몸을 학대하지 않았으면 좋겠어.

2 어떻게 살을 뺄까?

식사량을 결정하는 그릇의 크기

시카고의 어느 영화관에서 영화 관람객들에게 튀긴 지 5일 된 팝콘을 무료로 한 통씩 나눠 주는 실험을 진행했어. 팝콘의 맛을 한번 상상해 봐. 5일 된 팝콘은 바삭하지 않고 씹을수록 질기고 버걱거리지. 어쨌든 관람객 절반에게는 커다란 통을 나눠 주고, 나머지 절반에게는 중간 크기의 통을 나눠 줬어. 실험 결과는 어땠을까? 큰 통을 받은 사람들은 그렇지 않은 사람들에 비해 53퍼센트나 팝콘을 더 먹었어. 분명 형편없는 맛이었는데도 말이지.

사람들은 맛과는 상관없이 그저 자기 앞에 놓인 팝콘을 생각 없이 먹었던 거야. 영화가 끝나고 큰 통의 팝콘을 받은 사람들에게 팝콘을 더 많이 먹은 이유가 통의 크기 때문이냐고 물었어. 대부분은 "그런 속임수에는 안 속습니다"라고 자신 있게 말했지. 그러나 실제로는 그들 대부분이 속아 넘어갔던 거야. 어떻게 튀긴 지 5일이나 된 눅눅한 팝콘을 53퍼센트나 더 먹을 수 있을까?

펜실베이니아대학의 앤드류 가이어와 폴 로진 교수가 수행한 연구는 음식의 기본 단위가 섭취량에 결정적인 요소가 된다는 사실을 보여 주지. 그게 무슨 말이냐고? 우리는 의지나 식욕에 따라 먹는 양이 결정된다고 생각하잖아. 그런데 식사량은 의지와 식욕뿐만 아니라 또 다른 중요한 요소에 의해서도 결정되지. 바로 음식의 기본 단위야. 즉 그릇이나 접시, 통, 스푼, 한 번에 주어지는 양에 따라서 먹는 양이 달라지는 거지.

한 회사 로비에 아침 시간에 간단히 먹을 수 있는 캔디를 놓아두고 사람들이 자유롭게 먹도록 했어. 처음엔 3g의 작은 캔디 80개를 두고, 다음 날에는 12g의 큰 캔디 20개를 두었지. 그리고 오후에 남아 있는 캔디 개수를 조사했어. 만일 사람들이 식욕대로만 먹었다면 3g의 캔디를 12g의 캔디보다 4배 더 먹었겠지. 그래야 먹은 양이 똑같아지니까. 그러나 결과는 달랐어. 12g의 캔디가 놓인 날 더 많은 양을 먹은 걸로 나타났지.

비슷한 내용의 실험을 아파트에서도 진행했어. 아파트 현관에 초콜릿이 가득 든 용기를 두고 거주자들이 오가며 떠먹을 수 있도록 용기 옆에 스푼을 놓아두었지. 실험 첫날은 조그만 티스푼을 뒀고 다음 날은 그보다 정확히 4배 더 큰 스푼을 놓아뒀어. 오후에 남아 있는 초콜릿 양을 조사했을 때 캔디 실험과 똑같은 결과가 나왔지. 예상대로 큰 스푼을 두었을 때 훨씬 많은 초콜릿이 줄어들었어.

부드러운 프레첼(매듭 모양의 짭짤한 비스킷)을 이용해 비슷한 실험을 진행한 적도 있지. 어떤 날은 프레첼을 통째로 내놓고, 다른 날은 반을 잘라서 내놓았어. 만약 사람들이 똑같은 양을 먹는다면 반으로 갈라놓은 프레첼을 2개씩 먹어야겠지. 하지만 그러지 않았어. 사람들이 가져간 프레첼의 개수는 비슷했지. 그러니까 프레첼을 반으로 갈라놓으면 먹는 양도 반으로 줄어드는 거야.

우리나라에서도 비슷한 실험을 진행한 적이 있어. 동덕여대 식품영양학과 연구팀이 진행한 실험이야. 연구팀은 여대생 36명을 대상으로 3주 동안 점심을 주면서 밥그릇의 종류를 바꾸는 실험을 했어. 첫째 주에는 보통 밥그릇에, 둘째 주에는 밥그릇의 바닥을 높인 다이어트 밥그릇에, 마지막 주에는 약간 작은 밥그릇에 같은 양의 밥을 담아 주었지. 밥그릇의 크기는 '보통 밥그릇 〉 약간 작은 밥그릇 〉 아주 작은 다이어트 밥그릇' 순이었어. 그 안에 담긴 밥의 양은 모두 같았고, 실험 결과는 먹는 양이 비슷하더라도, 그릇의 크기에 따라 포만감이 달라지는 걸로 나타났지. 배부른 느낌의 정도를 점수로 매겼을 때 보통 밥그릇은 7.32, 약간 작은 밥그릇은 7.62 정도였는 데 비해 다이어트 밥그릇은 8.59로 매우 높았어.

그릇부터 바꾸자

앞의 실험들의 결론은 분명하지. 음식에 상관없이 사람들은 더 많은 음식량을 제공받으면 더 많이 먹게 되는 거야. 그러니까 식사량은 식욕뿐만 아니라 그릇이나 스푼 혹은 한 번에 주어지는 양 등에 의해서도 결정된다고 할 수 있어. 사람들은 자기에게 주어진 밥그릇을 기준으로 판단하지. 그릇의 크기와 상관없이, 한 그릇 이상 먹으면 너무 많이 먹었다고 생각하고, 한 그릇 못 되게 먹으면 적게 먹었다고 생각하는 거야. 우리는 그릇의 객관적인 크기와 상관없이 자기에게 주어진 그릇을 일종의 '표준'으로 생각하는 경향이 있지. 그래서 밥그릇의 크기가 다를 수 있는데도, 집에서나 식당에서나 똑같이 밥 한 그릇을 먹는 거야. 실제로 밥그릇의 크기는 똑같지 않잖아.

"당신이 먹는 음식이 당신이 된다." 철학자 포이에르바하가 한 말이야. 다이어트에서 제일 중요한 건 식사량과 운동량이지. 누구나 다 아는 사실이야. 다만 실천이 어려울 뿐이지. 식사와 운동을 밀쳐 두고 살을 빼고 몸무게를 줄일 순 없어. 어떤 다이어트 방법들은 마치 식사와 운동을 비켜 갈 수 있다는 듯이 선전하지만, 다 거짓말이야. 그런 방법이 존재한다면 전 세계적으로 유행하고, 그 방법을 개발한 사람은 가만히 앉아서 떼돈을 벌었겠지. 세상에 그런 방법은 없어. 쉽다고 선전하는 방법은 무조건 의심해 봐야 해. 효과가 없거나 과장일 가능성이 높지. 세상일이 다 비슷하지. 다이어트뿐만 아니라 공부법, 학습 비법 등도 다 마찬가지야. 쉽고 간단한 방법이 있다는 말은 거의 '사기'라고 보면 돼. 사람들의 절박한 심정을 노린 상술일 뿐이야.

식사량을 줄여야 한다는 건 잘 알겠는데, 어떻게 줄여야 할지

막막하지? 앞의 실험을 참고하면 방법은 간단해. 찬장의 그릇부터 바꾸면 돼. 작은 밥그릇이나 국그릇을 사용하면 먹는 양을 줄일 수 있지. 아이스크림 같은 것도 통째로 먹지 말고 적당한 그릇에 덜어 먹는 게 좋아. 떠먹는 요구르트 같은 것도 작은 사이즈를 사는 게 좋지. 그리고 되도록 냉장고 안에 많은 음식을 넣어 두지 않는 것도 하나의 방법이야. 먹을 게 넉넉한 상황에서 안 먹고 참기란 대단히 어려울 테니까.

미국에서 주로 팔리는 요구르트는 227g짜리야. 반면에 프랑스에는 140g짜리가 많지. 그렇다면 프랑스인이 미국인과 동일한 음식량이나 칼로리를 섭취하려고 굳이 작은 요구르트를 두 개나 먹을까? 그럴 리가 없지. 사람들은 대개 한 통을 먹을 뿐이야. 사람들은 먹는 양을 정확히 계산하는 게 아니라 이미 주어진 '하나'라는 단위를 자연스럽게 받아들이지. 프랑스와 비교해 미국에 비만 인구가 더 많은 이유야.

미국인들은 프랑스인들보다 비만이 될 가능성이 더 높지. 실제로 미국의 비만율은 프랑스의 3배에 달할 정도니까. 프랑스 식단에는 고칼로리 식품이 전혀 없을까? 물론 그렇지는 않아. 다만 한 사람에게 주어지는 1인분의 양이 다른 거야. 슈퍼마켓, 레스토랑, 심지어 요리책의 조리법까지 1인분의 양이 프랑스가 훨씬 적지. 미국에선 접시 크기와 1인분의 양이 시간이 지나면서 극적으로 커졌어. 가령 1970년대 햄버거 한 개의 칼로리는 300칼로리 정도였는

데, 오늘날은 거의 500칼로리가 넘지. 피자나 햄버거 등의 슈퍼사이즈 메뉴도 미국에서 처음 등장했어.

번거롭거나 상상하거나

이렇게 그릇의 크기를 우선 줄이고, 여기에 몇 가지 방법을 함께 쓰면 더 효과적일 거야. 우선 먹는 과정을 다소 번거롭게 만들 필요가 있어. 먹는 과정이 번거로우면 천천히 먹게 되고 그사이 포만감을 느껴 결과적으로 보다 적게 먹을 수 있지. 이스턴일리노이대학의 제임스 페인터 교수팀의 실험 결과, 껍질을 깐 피스타치오보다 껍질이 있는 피스타치오를 41퍼센트나 적게 먹었는데도 결과적으로 포만감은 비슷했어. 피스타치오 껍질을 까는 동안 위에서 뇌로 포만중추를 자극하는 신호를 보낸 덕분이지.

페인터 교수는 초콜릿을 가지고도 비슷한 실험을 했어. 3주 동안 초콜릿을 각기 다른 장소에 두고 같은 사람들이 얼마나 집어 먹는지 관찰했지. 첫째 주에는 책상 위에, 둘째 주에는 책상 서랍에, 셋째 주에는 선반 위에 초콜릿을 두었어. 첫째 주에는 하루 평균 8.6개, 둘째 주에는 5.7개, 셋째 주에는 3개를 먹었지. 비슷한 방법으로, 먹을 때 오른손잡이는 왼손을, 왼손잡이는 오른손을 사용하는 것도 괜찮아. 다소 불편하겠지만, 불편한 만큼 먹는 속도가 느려져 덜 먹게 되지. 게다가 먹는 행위를 계속 의식하다 보면 덜 먹게 되는 효과도 있어.

또 하나의 방법은 먹기 전에 먹는 상상을 하는 거야. 카네기멜론대학의 모어웨지 교수는 남녀 400명을 두 집단으로 나누고, 절반에게는 초콜릿을 한 알씩 옮기는 상상을 하도록 했지. 그리고 나머지 절반에게는 초콜릿을 한 알씩 먹는 모습을 상상하도록 했어. 그러고 나선 초콜릿을 나눠 주고 먹고 싶은 만큼 먹게 했지. 어느 쪽이 더 많이 먹었을까? 초콜릿을 먹는 상상을 했던 집단이 그러지 않은 집단에 비해 절반밖에 먹지 않았지. 상상하는 동안에 이미 먹은 효과가 나타났던 거야.

상식과 좀 다르지? 우리 생각에는 먹는 상상을 하면 식욕을 더 자극할 것 같잖아. 여기에 중요한 차이가 있지. 음식을 막연하게 상상하는 게 아니라 먹는 과정을 아주 구체적으로 상상해야 해. 실제로 먹는 것처럼 맛과 향, 씹을 때의 느낌, 혀에 느껴지는 감촉 등을 아주 구체적이고 세밀하게 상상해야 효과가 있지. "햄버거를 먹고 싶은 충동이 들면 햄버거를 잔뜩 먹는 모습을 상상해 보세요. 고기를 먹고 싶다면 고기를 마음껏 먹는 모습을 그려 보세요. 그러면 먹고 싶은 충동이 가라앉는답니다." 실험을 진행한 모어웨지 교수가 한 말이야. 먹고 싶은 충동을 없애긴 어렵지만 줄일 순 있다는 거지.

마지막 방법은 가능하면 혼자, 약속을 잡더라도 두 명 정도만 식사하는 거야. 여러 사람들과 함께 밥을 먹으면 체중을 늘리기에 아주 좋지. 사람들은 다른 이와 함께 식사하는 경우 혼자 먹을 때보다 35퍼센트를 더 먹는 경향이 있어. 네 명이 함께 식사하면 75

퍼센트를 더 먹고, 일곱 명 이상이 되면 무려 96퍼센트를 더 먹지. 그러니까 일곱 명이 넘어가면 평소 양의 거의 2배를 먹는 셈이야.

　　다이어트에 대한 팁은 이 정도에서 끝내고, 이제 정상 체중인데도 뚱뚱하다고 생각하며 자기 몸을 학대하는 문제에 대해서 생각해 볼까.

3 실제의 몸, 상상의 몸

비만도 대물림된다

"그만 먹어." "살 좀 빼라." "살찌면 어쩌려고…." 딸 둔 엄마들이 집에서 흔히 하는 말이야.❖ 여성들은 집 안에서조차 살에 대한 스트레스를 받지. 모든 엄마가 그런 건 아니겠지만, 엄마 역시 체중의 감시자인 거야. 특히 혼기가 찬 딸에겐 유독 더 심한 편이지. 연애도 안 하고 있다면 간섭은 더욱 심해지지. 왜 그럴까? 이유는 간단

❖　외모와 관련해서 무심코 던진 엄마들의 말들은 우리가 생각하는 것보다 훨씬 더 나쁜 영향을 미친다. 특히 엄마 스스로가 자기 몸매에 대해 부정적일수록 딸에게 미치는 부정적인 영향은 더욱 커진다. 그런 엄마를 둔 딸일수록 평생 자신의 몸매에 만족하지 못하고 다이어트 강박에 빠질 확률이 높다. 엄마가 딸의 외모를 보다 긍정적으로 바라본다면, 딸은 조금 뚱뚱한 몸매를 가졌더라도 당당하고 자신감 있게 살아갈 수 있다. 자녀가 자기를 긍정하는 힘은 부모의 말과 행동에서 나온다. 긍정적인 부모가 자녀를 긍정적으로 키운다.

해. 살찐 여성은 결혼 시장에서 인기가 없으니까.

사람들은 뚱뚱하면 둔하고 게으르며 건강하지 못할 거라는 편견을 가지고 있지. 한마디로 '자기 관리'를 제대로 안 한다는 거야. 성공하려면 철저한 자기 관리가 필요하다고 생각하지. 그래서 제대로 자기 관리를 못하는 사람을 마치 벌레 보듯 대하지. 비만을 허술한 자기 관리의 표징(表徵)으로 여기는 거야. 여성에겐 날씬한 몸매를, 남성에겐 건강한 몸매를 유지하는 것이야말로 철저한 자기 관리를 암시하지. 지나치게 살이 찌거나 마른 몸매, 또 심한 흉터나 화상 자국 등을 마치 자기 관리의 문제인 것처럼 여기는 거야. 많은 사람이 가진 편견이지.

사실 뚱뚱한 몸매는 개인의 노력보단 경제적 조건과 관련이 있지. 2013년 기준으로, 건강보험료 상위 5퍼센트에서는 초고도 비만율이 0.45퍼센트(남), 0.25퍼센트(여) 수준이었지만, 저소득층에서는 0.87퍼센트(남), 1.59퍼센트(여)에 달했어. 남성은 2배, 여성은 6배나 많은 셈이지. 소득이 높을수록 운동을 많이 하고 건강 관리에 더 신경 쓰기 때문이야. 경제적으로 여유 있는 사람들은 균형 잡힌 식단과 규칙적인 식사가 가능하지. 뿐만 아니라, 고가의 다이어트 컨설팅 업체에 등록해 관리를 받기도 해. 그런 곳에서 관리받으려면 4주에 250만 원 정도의 비용이 든대. 반면에 가난한 이들은 패스트푸드와 같은 고칼로리 식사를 주로 하지. 또, 육체노동을 주로 하다 보니까 여가 시간에 운동하는 게 쉽지 않아. 몸이 피곤

하니까 말이야.

　어른만이 아니라 어린이나 청소년 등에게도 비슷한 문제가 발생하지. 한국의 소아·청소년 비만율은 1997년 5.8퍼센트에서 2014년 15퍼센트로 꾸준히 증가하고 있어. 대한비만학회가 조사한 바에 따르면, 가족과 함께 저녁 식사를 하지 않는 아동의 22.4퍼센트가 비만인 반면에 가족과 함께 저녁을 먹는 아동의 비만율은 5.1퍼센트로 나타났지. 가족이 함께 식사할수록 고칼로리의 패스트푸드나 배달 음식 등을 덜 먹겠지. 반면에 부모님이 맞벌이로 바빠서 혼자서 식사하는 자녀일수록 패스트푸드 등을 많이 먹을 수밖에 없을 거야. 그러니까 개인이 노력하지 않아서가 아니라 경제적 형편이 나빠서 살이 찌는 경우도 많은 거야. 흔히 부富가 대물림된다고 하지. 이제는 뚱뚱한 몸매도 대물림되는 세상이 됐어.

　이런 세상에서 여성의 몸은 철저히 남성의 시선으로 포착되지. 여성의 몸을 바라보는 남성의 시선은 이중적이야. 남성은 여성이 얼굴은 청순하면서 몸매는 풍만하길 바라지. '베이글녀'(얼굴은 어린애처럼 앳돼 보이는데 몸매는 글래머)라는 말은 그런 현실을 반영하고 있어. 앳되고 날씬하되 섹시하고 풍만하길 기대하는 거지. '쭉쭉 빵빵'도 마찬가지야. 날씬하면서 풍만하기란 여간 쉽지 않지. '쭉쭉 빵빵'은 실재하는 몸이 아니라 상상 속의 몸에 가까워. 실제로 그런 몸을 가진 사람이 없다는 뜻은 아니야. 그런 체형을 가진 사람이 드물긴 해도 분명 존재하니까.

'쭉쭉 빵빵'한 여성들이 있긴 해. 드물지만 실재하는 이유는 성형의 도움을 받았거나 선천적으로 특이하게 태어났기 때문이야. 다만 자연적으로 허리는 잘록하면서 가슴만 풍만하기는 어렵지. 따라서 타고나기보다 성형의 도움이 더 크다고 봐야겠지. 평균적인 체형을 정상으로 이해한다면, '쭉쭉 빵빵'의 몸매를 정상으로 보기는 어려울 거야. 결국 남성들이 여성들에게 요구하는 것은 '불가능을 가능케 하라'로 요약할 수 있어. 성형이든 무엇이든 어떻게 해서든 그런 비정상적인 몸매를 만들라는 거니까.

게다가 요즘에는 '무보정 몸매'라는 게 유행하고 있지. 말 그대로 보정하지 않은 몸매라는 뜻이야. 디지털 보정 기술의 도움 없이도 자신 있다는 거지. '무보정 몸매'가 강조된다고 해서, '쭉쭉 빵빵'이 미디어가 만들어 낸 허상이라는 사실이 바뀌진 않아. '무보정 몸매'의 강조는 지나친 보정에 대한 대중의 반감을 반영한 것이겠지만, 그 또한 '쭉쭉 빵빵'의 환상을 더욱 강화할 뿐이니까. '봐라, 보정하지 않아도 그런 몸은 실제로 존재한다!'

'쭉쭉 빵빵'이라는 구속복

사실 의학적 관점에서 보자면, 지나치게 마른 여성들은 정상이 아니야. 우리는 비만만 비정상으로 여기곤 하지만, 사실 저체중도 의학적으로는 비정상이지. BMI 지수라는 게 있어. BMI 지수는 '바디 매스 인덱스Body Mass Index'의 약자로, 우리말로 체질량지수라고 하지. 키와 몸무게로 비만도를 측정할 수 있는 간편한 도구야. 계산법은 몸무게를 키의 제곱으로 나누면 돼. 가령 키가 1.6m에 몸무게가 55kg인 사람의 체질량지수는 55÷(1.6×1.6)=21.48이 되겠지. 1.6m에 55kg은 지극히 정상적인 체중이야.

	저체중	정상	과체중	비만	고도비만
BMI	18.5	23	25		30

그렇다면 TV에 나오는 연예인들의 체질량지수는 어떻게 될까? 예전에 한국여성민우회가 조사한 바에 따르면, 인기 여성 연예인들의 평균 키는 167.7cm, 체중은 46.5kg이었지. 이를 BMI 지수로 계산하면 16.7이 나오지. 심한 저체중이라 할 수 있어. 이들의 몸매는 정상적인 몸매가 결코 아니지. 그런데도 우리는 비정상인 몸매에 억지로 자신을 끼워 맞추기 위해 애쓰고 있는 거야.

대중매체가 그런 몸을 매력적인 육체로 묘사하고, 백화점이나 쇼핑몰에는 44사이즈(심지어 33사이즈 같은 초미니 사이즈까지 등장했어)가 넘치다 보니까, 스스로를 뚱뚱하다고 생각하는 여성들이 점점 늘어나고 있어. 날씬한 이들을 대상으로 옷을 만드는 회사가 많아졌지. 몸에 옷을 맞춰 입는 게 아니라 옷에 몸을 맞춰야 하는 시대인 거야. 그래서 살이 쪘든 안 쪘든 여성들은 365일 다이어트를 생각하지. 20대 여성의 고도 비만율은 1.9퍼센트지만 20대 후반 여성의 저체중 비율은 15.7퍼센트나 돼.

인구 80만 명의 작은 섬나라 피지의 사례는 대중매체의 힘이 얼마나 센지 잘 보여 주지. "너 요즘 살쪄 보인다." 이 말이 우리에 겐 험담이지만 피지에선 칭찬이었어. 피지에서는 전통적으로 통통 한 몸매를 선호했기 때문이야. 그런데 1995년 피지에 방송국이 생 기고 텔레비전이 대중화되면서 상황은 급변했지. 피지 방송국들은 자체적으로 프로그램을 제작할 여력이 안 되다 보니 외국 프로그 램을 수입해 방영했어. 그 결과, 1995년 이후 피지에서 나고 자란 세대들의 몸에 대한 기준은 완전히 바뀌었지. 오랫동안 예쁜 몸으 로 여겨졌던 '풍성한 몸매'는 더는 예쁜 몸이 아니게 됐어. 대신 날 씬한 외국 연예인의 몸매가 예쁜 몸의 기준으로 자리 잡았지.(이민 정《옷장에서 나온 인문학》참고)

미국의 경우, 몸무게를 기준으로 모델들과 배우들의 평균 체중 에 해당되는 일반 여성은 전체 가운데 겨우 5퍼센트에 불과해. 몸 무게가 그 정도라면, 비슷한 몸매의 일반 여성은 더 적을 수밖에 없 겠지. 일반 여성은 모델이나 배우에 비해서 키가 더 작은 편이니까. 모델과 배우의 몸매가 얼마나 드문지 알겠지? 그들의 몸매는 타고 난 것도 있고, 성형의 도움도 받고, 게다가 포토샵과 같은 기술적 보정도 거치지. 광고나 잡지 속 연예인들의 몸과 얼굴은 거의 대부 분 포토샵으로 보정 처리를 거친다고 보면 되지. 너희도 인터넷에 사진을 올릴 때 '뽀샵'이라고 해서 많이 해 봤을 거야. 그래픽 전문 가의 작업은 일반인의 '뽀샵'보다 훨씬 정교해서 어디를 보정했는지 구분도 안 되지. 안 그래도 예쁘고 날씬한 몸매를 디지털 보정 기술을 이용해 더욱 예쁘고 날씬하게 만드는 거야.

　2009년부터 프랑스를 비롯한 여러 국가들에서 광고와 잡지 사진 속 인물의 몸매를 포토샵으로 보정하지 못하도록 하는 법안을 추진하고 있지. 프랑스는 2005년부터 모든 성형 광고도 규제하고 있어. 우리에겐 지극히 당연한 포토샵 보정이나 성형 광고를 왜 법으로까지 금지하는 걸까? 광고나 잡지 속의 미인이나 성형 광고가 우리로 하여금 자기 모습을 부정적으로 느끼게 만들기 때문이야. 더 나아가 인생의 문제를 마치 성형으로 해결할 수 있다는 착각을 불러일으키기 때문이지. 특히 어린이들은 비현실적인 미의 기준을 진짜처럼 받아들일 수 있어. 다이어트, 패션, 제약(살 빼는 약 등) 등 각종 산업들이 포토샵으로 보정한 이미지를 엄청나게 생산·유포하면서 현실 세계에 존재하지 않는 '완벽한 몸'에 대한 강박관념을 심어 주고 있지.

· · · · · · · · ·
4 다이어트라는 다이너마이트

고장 난 몸과 구멍 난 마음을 채우는 폭식

실재가 아닌 '완벽한 몸'에 대한 욕망 탓에 거의 모든 여성들이 다이어트 강박에 시달리고 있어. 그래서 자기 몸을 마구 학대하는 거야. 학대의 결과는 섭식 장애로 드러나기도 하지. 섭식 장애에는 폭식증과 거식증이 있어. 폭식증은 음식 섭취에 대한 통제력을 잃고 엄청나게 많이 먹는 거야. 마치 위장 속에 커다란 지우개가 들어 있어서 방금 먹은 것들을 계속 지워 내면서 먹는 듯하지. 반대로 거식증은 아예 음식을 못 먹는 장애야. 거식증의 '거' 자는 클 거(巨)가 아니라 거부할 거(拒)야. 거식증은 전문용어로 '신경성 식욕 부진증'이라고 하지.

대부분의 사람들은 폭식증에 대해서 의지 부족으로 생각하는 경향이 있어. "그냥 적당히 먹으면 되는데, 왜 그걸 못 참지?" 아마 이렇게들 생각하지. 그런데 잘 생각해 봐. 너희가 식사를 마치고 식탁 위에 수저를 내려놓을 때 어떤 의지가 작용해? 사실, 그저 배가 부르니까 내려놓는 게 아닐까? 이처럼 먹는 양은 의지보다 몸이 알아서 자연스럽게 조절하는 측면이 커. 그런데 폭식증에 걸린 이들의 뇌에서는 포만감의 신호를 보내지 않지. 몸이 망가져서 마치 고장 난 신호등처럼 신호 체계가 제대로 작동하지 않는 거야. 그래서 먹는 걸 멈추지 못하지. 의지의 문제가 아닌 거야. 왜 그렇게 된 걸까? 여러 원인들이 복잡하게 얽혀 있지만, 대체로 정신적인 문제나 무리한 다이어트가 주된 원인이지. 끝없이 들어가는 음식은 구멍 난 마음 탓이야.❖

오랫동안 먹고 싶은 걸 참으면서 몸무게를 줄였다고 가정해 볼까. 그런 상황에서 우리 몸은 다이어트를 위기 상황으로 인식하지. 그에 따라, 먹는 양이 줄어든 만큼 기초대사량을 낮춤으로써 위기 상황에 대처해. 생존을 위한 몸의 자연스러운 반응이야. 그런데 기초대사량이 낮아진 몸은 이전으로 식사량이 회복되면 체중이 불어나고 심지어 지방의 양이 더욱 늘어나게 되지. 언제 다시 찾아올지 모를 위기, 즉 기아 상태에 몸이 스스로 대비하는 거야. 지방은 유사시에 에너지원으로 쓰기에 가장 좋거든. 아주 먼 옛날에 먹을 것이 안정적으로 공급되지 않던 시절부터, 인간의 몸은 생존을 위해 그렇게 진화해 왔어.

이게 바로 요요 현상이지. 기초대사량을 급격히 떨어뜨린 결과로, 오히려 살이 잘 찌는 체질로 바뀌는 거야. 다이어트의 역설이지. 이렇게 한번 요요 현상을 겪게 되면 그 뒤로 살을 빼는 게 여간 쉽지 않아. 그런 상황에서 극단적으로 먹는 걸 줄이고 몸무게를 다시 낮추면 어떻게 될까? 그러면 몸은 엄청난 영양 부족에 시달리게 되지. 이쯤 되면 참다 못한 뇌의 식이 중추가 나서는 거야. 온종일 먹는 생각이 나도록 해서 안 먹고는 못 버티게 만들지. 또, 많이 먹어

❖ 최근의 TV에서는 〈슈퍼맨이 돌아왔다〉, 〈아빠를 부탁해〉, 〈백년손님 자기야〉, 〈유자식 상팔자〉 등의 가족 예능과 〈삼시세끼〉, 〈냉장고를 부탁해〉, 〈수요미식회〉, 〈맛있는 녀석들〉, 〈테이스티로드〉 등의 '먹방' 예능이 대세다. 가족 예능과 먹방 예능은 다른 듯하지만 비슷한 구석을 가지고 있다. 바로 '허기'라는 접점을 공유한다. 가족 예능이 관계의 허기를 겨냥한다면, 먹방 예능은 위장의 허기를 노린다. 관계의 허기든 위장의 허기든 모두 현대인들이 겪는 마음의 허기를 반영하고 있다. 현대인들이 느끼는 마음의 허기가 TV를 통해 대리 충족되는 것이다.

도 아직 부족하다고 느끼게 만들어서 더 먹게 하지. 이게 바로 폭식증이야. 결국 고장 난 몸이 만들어 낸 비극적 결과인 셈이지.

죽음을 부르는 거식증

폭식증보다 더 무서운 게 거식증(신경성 식욕 부진증)이야. 특히 패션계나 연예계에서 이 문제가 심각하지. 이미 여러 명의 모델들이 거식증으로 목숨을 잃었거든. 패션계에 만연한 마른 몸매에 대한 선호가 빚은 비극이야. 몸매 관리에 압박감을 느끼고 지나친 체중 감량을 시도하다 벌어진 일이었어. 조금만 많이 먹었다고 생각이 들면 일부러 토하거나 설사를 유도하는 약을 상습적으로 복용한 결과였지. 그래서 최근에는 마른 모델을 퇴출시키는 움직임이 일고 있어. 2006년, 스페인의 마드리드 시의회는 BMI 18 이하의 모델이 패션쇼에 출연할 수 없도록 금지했지. 이후 이탈리아, 영국, 브라질, 이스라엘, 미국 등도 차례로 마른 모델의 패션쇼 출연을 금지했어.

거식증의 사망률은 상당히 높은 편이야. 거식증에 걸려 사망에 이른 사람의 비율은 무려 5~10퍼센트에 이를 정도지. 최근에는 사망률이 13~20퍼센트에 이른다는 노르웨이의 연구 결과도 있어. 주로 깡마른 모델들의 사망 소식이 뉴스에 보도되지만, 실제로는 일반인 사망자도 적지 않아. 식이 장애는 현대 사회가 만들어 낸 병이야. 그런 의미에서 '사회적 질병'이지. 현대 사회에서 인간은 하나의 상품이 되어 버렸어. 더 잘 팔리는 상품이 되려면 더 매력적으로 보여야 하지. 그 과정에서 과도한 체중 감소, 체중에 대한 지나친 집착, 살을 빼기 위한 무리한 행동 등이 복합적으로 작용하면서 섭식 장애를 일으키는 거야.

문제는 이러한 식이 장애가 어른들만의 문제가 아니라는 사실이야. 2010년 식약청이 7000명의 중고생을 대상으로 조사한 결과 무려 12.7퍼센트가 거식증의 전 단계인 식사 장애를 겪고 있었어. 특히 여학생 중 14.8퍼센트가 고위험군으로 분류됐지.(10대 후반 여학생들이 가장 심각한 편이야. 무려 3명 중 1명이 굶기, 폭식, 구토 등과 같은 행동을 반복하지.) 여학생 중에서 이렇게 고위험군이 많은 이유가 뭘까? 자기 신체에 대한 잘못된 생각 때문이겠지. 한국의 10대 소녀(13~17세)들의 절반 가까이가 자신의 몸이 '뚱뚱하다'고 응답했어. 그런데 실제로 이들의 비만도를 조사해 보면, 77퍼센트가 정상이거나 심지어 저체중이었지. 7~12세 여아들조차 30퍼센트 이상이 스스로 뚱뚱하다고 생각했지만, 실제로는 이들 중 63퍼센트가 정상 혹은 체중 미달로 조사됐지.

식이 장애는 여성의 질병이라고 할 수 있어. 일반적으로 여성과 남성의 발병 비율이 작게는 10:1, 크게는 20:1 정도로 여성 발병률이 높거든. 여성 근로자의 경우, 체중과 보수 사이에 일정한 상관관계가 발견되지. 이와 관련해서 미국에서 진행된 연구가 있어. 경제학자 수전 애버렛과 샌더스 코렌먼의 연구에 따르면, 뚱뚱한 여성은 평균 몸무게의 여성보다 17퍼센트 적은 임금을 받는다고 해. 체질량지수BMI가 정상 범위를 넘은 여성은 정상인 여성보다 17퍼센트 적은 임금을 받았지. 남성의 경우에는 체질량지수와 보수의 상관관계가 덜한 것으로 나타났고.

식이 장애가 여성의 질병인 건 맞지만, 남성 섭식 장애 환자도 점점 늘어나는 추세야. 건강보험심사평가원이 공개한 자료에 따르면, 2010년 섭식 장애 환자 수는 여성이 5064명, 남성이 1010명이었어. 이후 2014년에는 여성 환자가 6184명으로 늘었고, 남성 환자 역시 1208명으로 늘었지. 갈수록 남성들도 여성들과 마찬가지로 자기 외모를 관리하는 데 중압감을 느끼는 거야. 가령 한국의 남성 화장품 시장 규모가 세계 최대라는 사실을 알고 있어? 2013년 기준으로 한국의 스킨케어 시장은 6억 달러(약 7000억 원)가 넘었지. 이는 9억 달러에 달하는 중국 다음이야. 1인당 소비액으로 따지면 25달러로 2위인 덴마크보다 3배 이상 많은 액수로 전 세계에서 1위를 차지했어.

5 '아름다운 몸'은 없다

원작 〈백설 공주〉 이야기에서 백설 공주는 두 번 쓰러지지. 마녀가 준 독사과를 먹고 쓰러지는 장면은 다들 기억할 거야. 그렇다면 또 한 번은 언제일까? 바로 코르셋 끈을 지나치게 조이다가 쓰러지는 장면이지. 코르셋은 여성의 허리를 개미 허리처럼 가늘게 만들어 주는 속옷이야. 쉽게 말해 '몸매 보정 속옷'쯤 되지. 그러니까 백설 공주는 보정 속옷을 지나치게 조여 입다가 기절하고 만 거야. 보정 속옷을 입다 기절하다니, 정말 동화 같은 얘기라고? 그런데, 코르셋을 둘러싼 이 코미디 같은 에피소드는 실화를 바탕에 두고 있어.

영화 〈바람과 함께 사라지다〉의 한 장면을 떠올려 볼까. 주인공 스칼렛 오하라가 17인치의 허리를 만들기 위해 하녀의 도움을 받아 코르셋을 질끈 동여매는 장면 말이야. 실제로 코르셋은 18세기 전후로 유럽의 여성들 사이에서 대유행했어. 16세기 프랑스 왕비였던 카트린 드 메디치는 아름다운 여성의 허리 사이즈를 정해 놓고 그 사이즈를 넘은 여성은 왕궁에 들어오지 못하도록 했지. 그녀가 정한 사이즈는 무려 13인치였어.

사정이 이렇다 보니, 여성들의 허리는 점점 더 가늘어져야 했지. 코르셋을 조이는 끈에도 점점 더 많은 힘이 들어갔어. 허리를 지나치게 꽉 조이다 보니 여성들이 졸도하는 일이 종종 발생했지. 당시 귀족들의 저택에는 일명 '기절방'이라는 게 있었어. 그 방에는 '기절 소파'라는 긴 소파가 있었는데, 졸도한 여성들은 의식을 회복할 때까지 거기에 누워 있었지. 진짜 문제는 졸도가 아니었어. 단순 졸도를 넘어서 신체가 변형되고, 심지어 사망에 이르는 상황에까지 이르렀거든.

아름다운 몸매란 단순히 미학적인 문제가 아니야. 아름다운 몸매는 다분히 억압적이고 폭력적이야. 아름다운 몸매는 그것을 욕망하는 사람의 몸과 마음을 짓누르거든. 여성들은 더 아름다운 몸을 향해 끝없는 경쟁을 벌이지. 그 경쟁은 털을 뽑고, 턱을 깎고, 지방을 빼고, 피부를 벗겨 내는 경쟁이야. 열거된 내용은 마치 정육점에서 가축을 도려내는 장면을 연상시키지. 그만큼 아름다운 몸이란 억압적이고 폭력적이야. 다만 우리가 그 사실을 회피하거나 부정하거나 망각할 뿐이지. 거들, 코르셋, 브래지어, 하이힐, 스키니진, 미니스커트…. 하나같이 몸을 꽉 조이고 몸의 자유로운 움직임을 방해하지. 아름다워지려고 하는 것들은 모두 육체에 압박을 가하고 부담을 주는 것들이야.❖

❖ 아름다움의 이름으로 여성을 억압해 온 사례는 인류사에서 끝없이 이어진다. 대표적으로 중국의 전족纏足을 들 수 있다. 전족은 대여섯 살 때부터 여자아이들의 발을 꽁꽁 동여매 만들어진다. 결국 발은 8cm 이상 자라지 않는다. 어른 발의 크기가 손바닥 절반도 안 되는 것이다. 거의 불구에 가까운 발이다. 혼자서는 제대로 걸을 수조차 없다. 우리에겐 그런 악습이 전혀 없었을까? 우리에게도 가체加髢라는 악습이 있었다. 사극에서 종종 볼 수 있는 크게 땋아 올린 여성의 머리 말이다. 가체는 말 그대로 가발이다. 무거운 것은 20kg 가까이 나갔다. 궁궐에서 공식 행사 때 중전이 썼던 가체는 너무 무거워서 목을 돌리지 못할 정도였다고 한다. 조선 후기 실학자 이덕무가 쓴 《청장관전서》에는 이런 이야기까지 등장한다. "근일 한 부잣집 신부가 있었는데 나이는 13세였다. 가체를 높고 무겁게 하고 있을 때 시아버지가 방에 들어오므로 신부가 갑자기 일어서다가 가체 무게에 눌려서 그만 목뼈가 부러졌다. 사치가 능히 사람을 죽이니 이런 비극이 어디 있는가?" 이후 가체의 폐해가 갈수록 심각해지자 영조 때는 가체 금지령이 내려지기도 했다. '백설 공주' 졸도 사건처럼 소설 같은 이야기지만, 모두 실제로 있었던 일들이다.

카렌족 소녀(왼쪽)와 수르마족 여인(오른쪽). 카렌족 소녀는 목이 길어지게 하려고 목에 여러 개의 고리를 차고 있고, 수르마족 여인은 아랫입술과 귓불에 구멍을 뚫은 후 원반을 끼운 상태로 생활한다.

"얼굴은 보편적이지 않다. (…) 얼굴은 본성상 아주 특수한 관념이다."(들뢰즈 《천 개의 고원》, 338쪽) 프랑스 철학자 질 들뢰즈가 한 말인데, 얼굴 대신에 아름다움을 넣어 읽어도 무방하지. 아름다운 몸이란 억압적 관념인 동시에 특수한 관념이야. 사진은 아름다운 몸이 억압적이면서 특수한 관념이라는 사실을 잘 보여 주지. 미얀마 카렌족과 에티오피아 수르마족의 모습이야. 한 소녀의 목에 여러 개의 고리가 끼워져 있지. 카렌족은 전통적으로 목이 길수록 아름답다고 여기지. 그래서 카렌족 여성들은 해를 거듭할수록 고리 개수를 늘려서 목을 더욱 길어지게 만들어. 수르마족 여성은 아랫입술과 귓불에 커다란 원반 같은 것을 끼고 있어. 저 원반 역시 끼고 뺄 수 있는데, 카렌족과 마찬가지로 나이가 들수록 조금씩 큰 걸로 바꿔 끼우지. 우리 눈에는 낯설고 기이하게 보일 뿐이지만, 그들 눈에는 그게 아름답게 치장한 모습이야. 콧방울을 뚫어 거기에 원반('코마개')을 끼워 넣는 인도의 아파타니족, 아랫입술과 턱 사이에 구멍을 뚫어 뿔 모양의 장신구를 끼우는 아마존의 조에족…, 이 모두가 우리 눈에는 엽기적으로 비칠지라도 그들에겐 남다른 미의식의 발로겠지.

특정한 아름다움은 보편적인 게 아니야. 아름다운 외모는 시대마다, 문화마다 달라지지. 그것이 마치 무슨 절대 법칙인 양 생각할 필요가 없다는 거야. 앞에서 잠깐 언급한 영화 〈바람과 함께 사라지다gone with the wind〉의 생략된 주어가 뭘까? 원작 소설의 도입부에는 "A civilization gone with the wind"라는 표현이 나오지. 어떤 문명이든 바람과 함께 사라진다는 뜻이야. 특정 문명이 절대화하는 미의식도 언젠가는 바람에 흩날릴 먼지 같은 관념일 뿐이지. 사실 우리의 문화를 조금만 낯선 관점에서 바라보면, 우리가 아름답다고 생각하는 것들 역시 아주 기이하게 보이지. 물론 아름다움을 상대화해서 바라보기란 쉽지 않은 일이지만 말이야. 하지만 조금만 관점을 달리하면 충분히 가능하지.

루이 14세의 초상화다. 발을 보자. 놀랍게도 하이힐을 신고 있다. 오늘날에는 남성이 하이 힐을 신는 게 낯설지만, 17세기 유럽에서는 남성들도 아무렇지 않게 하이힐을 신었다. 루 이 14세의 저 당당한 풍모를 보라. 이처럼 미의식이란 지극히 가변적이고 상대적인 것에 불과하다.

가령 하이힐을 조금만 삐딱하게 생각해 봐. 그 얇은 굽에 의지해 위태롭게 걷는 모습들을. 어찌 보면 뒤뚱거리는 오리 같기도 하잖아. 하이힐의 기괴성은 하이힐을 신은 남성을 상상하면 금방 드러나지. 여성에겐 그렇게 자연스러워 보이는 하이힐이, 남성과 만나게 되면 무언가 그로테스크한 느낌을 주잖아. 이게 우리가 가진 미의식의 실체야. 만약 보편적인 아름다움이라면 그것을 남성이 신든 여성이 신든 차이가 없어야겠지. 육체와 치장을 둘러싼 미의식이란 특수하고 상대적인 관념일 뿐이야. 우리가 절대화하며 목매야 할 대상이 결코 아니란 거지. 독일 작가 스테판 츠바이크는 이렇게 말했어. "이 세상에서 가장 위대한 경험은 자기가 저 자신임을 이해하는 것이다."(슈테판 츠바이크 《위로하는 정신》, 115쪽) 세상에 수백만의 사람이 있듯이, 마찬가지로 수백만의 아름다움이 있어. 우리는 남이 되려고 하지 말고, 자기가 되려고 해야 해. 자기만의 아름다움을 간직한 자기가.

3장

비교하면 행복할까?

1 비교하는 세상

점수가 아니라 등수

한 학생이 시험에서 90점을 받아 왔어. 그 학생의 부모님은 잘했다고 칭찬할까? 칭찬 대신 이렇게 묻지 않을까? "그래서 몇 등인데?" 점수 자체를 칭찬해 주지 않고, 다른 사람과 비교한 상대 등수에만 관심을 갖는 거지. 부모님이 너희와 다른 사람을 비교하는 게 싫을 거야. 누구 집 애는 성적이 어떻고, 이번에 어느 대학에 합격했고… 아마도 아주 익숙한 레퍼토리겠지. 이때 흔히 동원되는 게 바로 엄친아나 엄친딸이야. 엄마 친구의 아들딸은, 자기 의사와 상관없이, 시도 때도 없이 불려 나와 우리에게 열등감을 안겨 주지. 그래서 우리는 만난 적도 없는 엄친아나 엄친딸을 싫어하지.

그런데 잘 생각해 보면 너희도 그렇게 비교하지 않아? 가령 너희의 부모님을 다른 집 부모님이랑 비교한다든지, 너희가 사는 아파트를 다른 아파트랑 비교한다든지. 예전에 목동에서 중학생들이 대화하는 걸 들은 적이 있는데, 자기들끼리 트라펠리스니 하이페리온이니 하면서 사는 곳을 비교하더라고. 고학년이 되면 덜 그러겠지만, 중학교 1학년생들은 그런 말들을 아무렇지 않게 주고받는 것 같았어.

부모님이나 부모님의 재산이 아니라도, 너희 스스로 자신과 다른 사람을 늘 비교하지. 비교당하는 게 죽기보다 싫으면서 정작 스스로는 남과 끊임없이 비교하면서 살아가는 거야. 친구가 이번 모의고사에서 몇 점을 맞았는지, 친구는 나중에 어느 대학에 갈 수 있을지, 친구가 새로 샀다는 옷의 브랜드는 무엇인지…. 중학생이냐 고등학생이냐에 따라, 또 학년에 따라 다소 차이는 있겠지만, 그런 식으로 늘 비교하잖아.

사실 너희가 그러는 건 다 어른들한테 배운 거겠지. 다시 말해 부모님과 사회가 너희에게 끊임없이 비교하는 습관을 심어 준 결과일 거야. 어른들 역시 늘 남과 비교하면서 살기 바쁘지. 다른 사람은 연봉을 얼마나 받는지, 사는 집은 몇 평인지, 몰고 다니는 차는 몇 cc인지 등등. 늘 그렇게 무언가를 끊임없이 비교하면서 살아가지. 어릴 적에 비교하던 습관을 그대로 가지고 어른이 되니까 말이야. 다만 어른이 되면 장난감에서 사치품으로 비교 대상이 달라질 뿐이지.

그런 의미에서 어떤 어른들은 키만 큰 아이들인지도 몰라. 자기 연봉의 몇 배에 달하는 고급 승용차나 외제차를 타고 다니는 어른들을 생각해 봐. 어릴 적 가지고 놀던 장난감 자동차가 실제 자동차로 대체된 것에 불과하지 않을까? 이동 수단으로서 자동차의 기능을 생각한다면 자기 수입에 비해 지나치게 비싼 자동차를 몰고 다닐 이유는 없지. 고가 승용차가 문제라는 게 아니라, 자기 수입을 훨씬 뛰어넘는 비합리적인 소비를 지적하는 거야.

동메달이 은메달보다 더 행복해

비교와 관련해서 재미있는 실험이 있어. 미국 코넬대학 연구팀은 1992년 하계 올림픽 중계 자료를 분석했어. 메달리스트들이 게임 종료 순간과 시상식에서 어떤 표정을 짓는지 분석해 감정을 비교하는 연구였지. 연구팀은 23명의 은메달리스트와 18명의 동메달리스트의 얼굴 표정을 분석 대상으로 삼아 게임 종료 순간의 감정이 환희에 가까운지 비통에 가까운지 10점 만점으로 평가했어. 또 동일한 방법으로 시상식에서 선수들의 얼굴에 드러난 감정을 평가했지. 이를 위해 은메달리스트 20명과 동메달리스트 15명의 시상식 장면을 분석했어.

연구팀은 금, 은, 동의 순서로 기분이 좋을 걸로 예측했는데, 결과는 완전히 달랐지. 분석 결과는 게임이 종료되고 메달 색깔이 결정되는 순간에 동메달리스트의 행복 점수가 7.1로 나왔어. 비통이 아니라 환희에 가까운 점수였지. 반면에 은메달리스트의 행복 점수는 고작 4.8에 불과했어. 환희와는 거리가 먼 점수였지. 시상식에서의 감정 표현도 다르지 않았어. 동메달리스트의 행복 점수는 5.7이었지만 은메달리스트는 4.3에 불과했지. 아마 시상식에서 동메달리스트의 행복 점수가 다소 떨어진 이유는 금메달리스트와 은메달리스트가 바로 옆에 있었기 때문이겠지.

객관적인 성취로 보자면 분명 은메달리스트가 동메달리스트보다 더 기뻐해야겠지. 그러나 주관적인 성취감은 전혀 달랐던 거야. 왜 이런 결과가 나온 걸까? 동메달리스트는 메달을 받지 못한 선수와 비교하지만, 은메달리스트는 금메달리스트와 비교하기 때문이지. 비교의 대상이 달라지면서 행복감의 크기도 달라져 버린 거야. 그래서 동메달리스트는 '적어도 이만큼은 이뤘으니까'라는 만족감이 크지만, 은메달리스트는 '거의 ~할 뻔했는데…'라는 아쉬움이 더 크지.

비교와 관련해서 한 가지 실험을 더 소개할게. 네덜란드의 심리학자 디데릭 스테이플이 실시한 실험이야. 대학생들을 두 집단으로 나눠 컴퓨터 앞에 앉게 하고 모니터를 집중해서 보도록 했어. 화면 한쪽에서 뭔가가 빠르게 나타날 거라고 알려 주고 그것이 왼쪽에서 나타나면 'Q'를, 오른쪽에서 나타나면 'P'를 누르라고 지시했지.

절반의 학생들에게 실제로 보여 준 것은 아주 매력적인 사람의 사진이었고, 다른 절반의 학생들에게 보여 준 것은 덜 매력적인 사람의 사진이었어. 물론 학생들은 사진의 내용을 구체적으로 알 순 없었지. 학생들에게 0.11초의 짧은 시간 동안만 사진을 보여 줬기 때문이야. 그래서 학생들은 무언가 잠깐 스쳐 지나갔다는 정도만 느낄 뿐, 그것이 정확히 무엇인지는 알기 어려웠어.

연구팀은 동일한 실험을 반복적으로 실시한 후 학생들 스스로 자신이 얼마나 매력적인지를 평가하게 했어. 누구의 사진인지, 심지어 사진인지조차 알 수 없을 정도로 빨리 지나간 상황에 노출되고 나서 학생들은 스스로를 어떻게 평가했을까? 놀랍게도 아주 매력적인 사람의 사진을 접한 학생들은 덜 매력적인 사람의 사진을 접한 학생들보다 자신을 덜 매력적이라고 평가했지. 비록 순식간에 벌어진 일이었지만, 자기가 본 다른 사람의 얼굴과 자신의 얼굴을 자기도 모르게 비교하고 있었던 거야.

2 비교는 불행을 부른다

남과 비교하는 삶

인간은 생각하는 동물이야. 그런데 그때의 생각은 대부분 비교와 걱정으로 채워지지. 그러니까 '인간은 생각하는 동물'이라는 말은 '인간은 비교하는 동물'로 바꿔 이해할 수도 있을 거야. 우리는 다른 사람과 비교하는 데만 익숙할 뿐이지. 비교는 경쟁을 낳아. 남과 비교하면서 끊임없이 경쟁을 하지. 오늘날 타인과의 비교는 삶의 주된 행동 양식이 되었어. 심지어 행복마저 남과 비교하는 데서 찾을 정도지. 결국 자기 삶의 기준이 내가 아니라 남이 되어 버린 거야. 남이 가진 것을 중심에 두고 스스로 나를 평가하지. 우리가 비교하는 대상들을 떠올려 봐. 특정한 물질이거나 그 물질을 획득할 가능성과 관련된 것들이야. 돈, 사치품, 승용차, 아파트 등은 물질이고, 성적, 대학, 승진 등은 물질을 획득할 가능성과 연결되지. 하버드대학 학생들에게 다음 중 어느 곳에서 살겠느냐고 물었어.

1) 당신은 1년에 평균 5만 달러를 벌고 다른 사람들은 평균 2만 5000달러를 버는 세상

2) 당신은 1년에 평균 10만 달러를 벌고 다른 사람들은 평균 25만 달러를 버는 세상

대부분의 학생이 첫 번째 세상을 선택했어. 물가 수준이 같다는 전제에서, 단순히 수입액만 놓고 보면 두 번째 세상을 선택하는 게 맞겠지. 그런데 그렇게 선택하지 않았어. 결국 자신의 수입액만 따지지 않았다는 거야. 자신의 수입을 제외하고 남는 건 남들의 수입이지. 결국 평균 수입과의 비교를 통해서 어느 곳에 살지 결정한 거야. 남과 경쟁해서 이기는 것이 행복에 이르는 길일까?❖

우리 시대는 풍요의 시대야. 그러나 부자는 드물지. 철학자 존 스튜어트 밀은 그 까닭을 이렇게 진단했어. "인간은 부자가 되기를 바라지 않는다. 다만 남들보다 잘살기를 바랄 뿐이다." 모두가 자기보다 더 부유한 사람만 째려보면서 스스로 가난하다고 생각하는 거야. 그렇게 비교만 한다면 영원히 가난할 수밖에 없겠지. 당연

❖ 한국갤럽은 1992년과 2010년 사이의 소득 변화와 행복지수 사이의 관계를 조사했다. 이 시기에 1인당 국민 소득은 3배나 커졌지만, 행복감을 느끼는 사람은 10퍼센트나 줄었다. 같은 시기에 하루 평균 자살자는 9.9명에서 42.6명으로 4배나 늘었다. 가난한 이보다 수백 배나 돈이 많은 사람도 행복감은 고작 10퍼센트쯤 높을 뿐이라는 연구 결과도 있다.

히 행복하려면 어느 정도의 물질적 풍요가 필요할 거야. 고소득 가구는 저소득 가구에 비해 행복할 가능성이 더 크지. 물론 꼭 행복한 건 아니고 그럴 가능성이 크다는 거야. 그런데 일단 빈곤층에서 벗어나 중산층에 속하게 되면, 소득이 늘어난다고 해서 무조건 전보다 더 행복해지는 건 아니야.

영국의 경제학자 리처드 라야드는 국가의 행복지수가 1인당 소득이 1만 5000달러에 도달할 때 멈춘다는 사실을 알아냈어. 라야드의 연구 결과에 대해선 두 가지 해석이 가능해. 첫 번째는 소득이 늘어날수록 기대치도 올라간다는 거야. 가령 작년과 비교해 소득이 크게 늘어났다고 해 볼까. 그러면 작년의 사치품이 어느새 필수품으로 돌변하게 되지. 여러 연구에서 소득 증가분의 반 가까이, 혹은 그 이상이 이러한 기대치 상승으로 사라진다는 사실이 밝혀졌어. 그러니까 많이 벌어도 번 만큼 체감을 못하는 거야. 올챙이 적 생각을 못하고 씀씀이가 커진 탓이지.

두 번째는 사회적인 비교야. 타인과의 비교를 통해 자신을 평가하는 경향이 강할수록 소득이 증가해도 행복을 느끼지 못할 가능성이 크지. 이른바 트레드밀treadmill 효과야. 트레드밀은 러닝머신을 뜻해. 어떤 사람이 열심히 일해서 소득이 올라가도 다른 이들의 소득이 같이 올라간다면, 그 사람의 위치는 좀처럼 앞서기 어렵겠지. 마치 러닝머신 위에서 제자리만 열심히 달리는 것처럼 말이야. 이를 경제 용어로는 '붉은 여왕 효과'라고 부르지. 《이상한 나라의 앨리스》에 나오는 붉은 여왕의 나라에선 주변의 모든 것이 계속 앞으로 움직이기 때문에 열심히 뛰어도 늘 같은 자리에 있게 되거든.

비교하고 경쟁하며 불행해진 사람들

비교와 경쟁에 매몰된 한국인의 모습을 볼까. 초등학교 3학년부터 학교에서 영어를 배우잖아. 그런데 조금 여유가 되는 집에선 2학년에 영어학원에 보내기 시작해. 그러면 다른 집에서도 2학년에 보내게 되지. 그러다 1학년까지 내려가고, 결국 돈 있는 집에선 아이를 고가의 영어 유치원에 보내지. 영어 유치원은 원비가 한 달에 보통 100만 원이 넘는다고 해. 심지어는 영어 발음을 좋게 한다며 혀 밑 수술도 시키지. 경쟁력을 위해 아이의 신체까지 훼손할 정도라니. 비교와 경쟁이 낳은 비극이야.

이렇게 경쟁하는 사회가 또 있을까 싶지. 이 정도면 거의 '경쟁의 끝' 아닐까? 마치 극장에서 화면을 더 잘 보려고 일어서는 것과 같지. 한 사람이 서서 보기 시작하면 그 뒷사람도 따라 서게 돼. 그러다 어느새 모두가 서 있게 되지. 결국 모두가 영화를 더 잘 보지도 못하면서 다리만 아프게 되는 상황이야. 이것은 삶을 사는 게 아니라 경주를 하는 거야. 결승점도 없는 영원한 경주. '만인의 만인에 대한 경주競走'가 아닐 수 없지. 이처럼 과도한 경쟁은 모두를 불편하고 불행하게 만들어. 아, 대부분의 사교육업자는 행복할지도 모르겠지. 입시 경쟁이 치열해질수록 그들의 주머니는 두둑해질 테니까. 그들이 하는 일은 세상이라는 극장에서 남들보다 먼저 일어나게 만드는 일이야.

그런데 사람들은 왜 앉을 생각을 안 할까? 누군가 서서 보라고 사람들을 자꾸만 부추기는 탓이지. 바로 극장 주인이야. 사람들이 서서 볼수록 의자는 닳지 않고, 또 서서 보느라 지친 사람들이 팝콘과 음료수를 더 많이 사 먹을 테니까. 그럴수록 극장 주인의 주머니는 두둑해지겠지. 대한민국이라는 극장에도 탐욕스러운 주인이 있지. 무한 경쟁의 체제에서 나날이 자기 호주머니만 두둑해지는 이들이야. 사람들이 경쟁할수록 자기 배만 불룩해지는 이들이지. 99퍼센트의 고통이 1퍼센트의 주머니를 채우는 거야. 그래서 주인의 입에선 늘 같은 말만 반복돼. "더, 더, 더, 더."

이렇게 남과 비교하고 경쟁하면 행복할까? 2013년 〈르몽드〉는 "한국 학생들은 34개 OECD 회원국 중 수학修學 능력이 가장 뛰어나지만, 가장 불행하기도 하다"고 보도했어. 공부는 잘하지만, 행복하지 않다는 거지. 공부를 잘한다는 것도 자세히 들여다볼 필요가 있어. 3년마다 치르는 국제 학력 비교 평가PISA가 있지. 경제협력개발기구OECD 30개국을 포함한 세계 주요 국가들이 공동으로 실시하는 평가야. 여기에서 한국은 매년 최상위(2~3위)의 성적을 유지하고 있어. 1위는 언제나 핀란드 차지야.

PISA 성적 1위인 핀란드에는 정작 1등을 매기는 시험이 없지.

종합학교 12년 동안 한 번도 등수를 매기는 시험을 치르지 않아. 핀란드 교실에 가서 "이 반에서 누가 1등이냐?"고 물으면 오히려 "그게 무슨 말이냐?"는 반문을 받지. '1등'이라는 개념 자체가 없기 때문이야. 평가는 '잘했어', '아주 잘했어', '아주아주 잘했어'로 구분돼. 등수 개념 자체가 아예 존재하지 않지.❖ 그게 정상이 아닐까? 누구는 과학을 좋아하고, 누구는 수영을 잘하고, 누구는 그림을 잘 그리고, 누구는 정의감이 남다르고…. 잘 생각해 보면, 이런 것에 모두 점수와 등수를 매긴다는 생각이 이상한 게 아닐까?

PISA에서 좋은 성적을 낸다고 해서 한국 학생들이 똑똑하고 창의적인 건 아니지. 단순히 읽고 쓰고 계산을 잘한다는 것뿐이야. 핀란드는 지적 흥미도와 자기주도 학습능력에서도 우수하지. 반면 우리나라는 하위권이야. 게다가 핀란드는 성적 상위권과 하위권 사이의 격차가 제일 적은 나라야. 우리는? 역시 그 격차가 매우

❖ 덴마크의 초등학교도 비슷하다. 덴마크의 초등학교는 우리와 달리 9학년제인데 (그러니까 우리의 중학교까지 포함되어 있다), 7학년까지는 점수를 매기는 시험이 아예 없다. 그리고 고등학교에 진학하기 전에 1년간 '인생 설계 학교'라 불리는 야프터스콜레에 가서 자신이 어떤 삶을 살 것인지를 스스로 설계한다. '인생 설계 학교'는 대학 진학을 앞둔 청년들을 위한 학교도 있고, 새로운 직장을 준비하는 성인들을 위한 학교도 있다.(오연호 《우리도 행복할 수 있을까》 참고) 점수나 등수가 중요한 게 아니라, 자신이 어떤 삶을 살지 차분하게 스스로 선택할 수 있는 기회를 갖는 것이다. 우리처럼 점수에 따라 대학이나 학과를 억지로 끼워 맞추지 않고 말이다. 덴마크는 UN의 행복지수 조사에서 2012년, 2013년 연속으로 세계 1위를 차지했다.

크지. 행복도나 창의력에서도 핀란드는 상위권이지만 우리나라는 하위권이야. 한마디로 핀란드 교육과 한국 교육의 차이는 좋아서 하는 공부와 마지못해 하는 공부 사이의 차이에서 비롯한다고 볼 수 있어. 그 차이는 고등학교 이후에 더욱 분명하게 드러나지.

핀란드는 프랑스와 더불어서 대학을 평준화한 대표적인 나라야. 핀란드의 고등학교는 99퍼센트가 공립학교이고, 전부 평준화되어 있어. 우리처럼 '일제고사' 같은 것도 없고, 성적표에는 아예 등수를 기재하지 않지. 물론 사교육은 눈 씻고 찾아봐도 찾을 수 없어. 그러니까 핀란드는 행복하게 공부하면서 1위를 한 거고, 우리는 불행하게 공부하면서 2~3위를 한 거야. 우리는 핀란드 아이들보다 2~3배나 많은 시간을 공부에 쏟고 있어. 만약 PISA의 높은 성과를 학습 시간으로 나누어 비교하면 한국의 성적은 최하위 수준으로 떨어지고 말 거야.(정태석 《행복의 사회학》, 151쪽)

비교의 덫에 걸려 비틀거리다

《성경》의 십계명에는 "네 이웃의 것을 탐내지 말라"는 계명이 있지. 끊임없이 남(이 가진 것)과 비교해야 직성이 풀리는 우리에게 가장 지키기 어려운 계명이 아닐까? 우리는 비교를 통해 행복감을 느끼지. 그런데 행복을 느끼는 바로 그 지점이 불행의 원천이 되기도 해. 세상에는 나보다 잘나고 많이 가진 사람들이 너무도 많으니까. 우리가 시계추처럼 행복과 불행의 양극을 오가며 흔들리는 이유야.

"집에서 혼자 병석에 누워 있을 때는 자기를 덮친 불행에 절망했던 사람도, 사방에 환자가 있는 환경에서는 자신의 증세가 옆 사람보다 가벼운 것만으로도 다행이라고 생각하여 힘이 솟는다." 시오노 나나미가 《로마인 이야기 10》에서 한 말이야. 그런 의미에서 비교는 긍정적으로 작용하는 듯하지. 시오노 나나미는 이렇게 덧붙이고 있어. "물론 옆 사람과 비교한 결과 자기가 더 중증이라는 게 분명해지면, 그것만으로도 더욱 절망하여 죽음에 이르게 되지만." 비교의 덫이야. 비교는 양날의 칼이지.

과도한 비교는 우리의 자존감에 상처를 입히지. 2005년 미국 브래들리대학 심리학과에서 전 세계 53개국 1만 7000여 명을 대상으로 개인의 자존감(자긍심)을 비교 조사했어. 그에 따르면 한국은 고작 44위밖에 되지 않았지. 비교의 일상은 심리적 피해만 주는 게 아니야. 한국인은 더 나은 삶을 위해 어느 나라 국민보다 열심히 일하고 있지. 한국은 세계 최장의 노동 시간을 자랑하지. 한국 노동자들은 연간 2193시간을 일하고 있어. OECD 평균보다 468시간 더 많은 편이야. 세계 2위에 해당하지.(1위는 멕시코야.) 사실 공식적인 통계가 2200시간일 뿐, 실제로는 연간 2600시간 정도 일한다고 해.

한국인들은 중세 유럽의 농노보다 더 오래 일하고 있어. 농노는 연간 1620시간가량 일했다고 하지. 그렇게 일만 하다 보니까 자녀와 함께 보내는 시간은 적을 수밖에 없어. OECD의 〈2015 삶의 질How's life?〉 보고서에 따르면, 한국의 아빠가 자녀와 함께하는 시간은 하루에 고작 6분이야. 엄마까지 포함해도 부모와 함께 하는 시간은 하루 48분이었지. OECD 회원국 가운데 가장 짧았어. OECD 평균은 하루 151분이었지. 아빠와 함께하는 시간은 47분이었어. 한마디로 '저녁이 없는 삶'이지. 끝없는 경쟁이 주는 압박감과 낙오될지 모른다는 두려움이 우리 모두를 옥죄는 탓이야. 서로가 서로를 잡아먹으려고 눈에 불을 켜고, 먹잇감이 안 되려고 자기를 갉아먹으며 경쟁하는 사회. 우리가 살아가는 대한민국의 슬픈 모습이야.

전 세계가 무한 경쟁의 파고를 넘고 있지만, 우리처럼 강도 높게 경쟁하는 사회도 없을 거야. 여러 지표가 이를 뒷받침하는데, 가장 대표적인 것이 10년 연속 유지되는 세계 최고의 자살률이지. 이런 상황에서 너희의 삶 역시 만만치 않지. 학교는 사회의 축소판이니까. 살인적인 학습 시간과 친구를 적으로 만드는 성적 경쟁은 사회를 빼다 박았지. 경쟁, 또 경쟁이야. 무엇을 위한 경쟁일까? 숫자를 위한 경쟁인 셈이야. 사회는 평수(坪數)와 등수(等數)로 한 줄을 세우지. 그 속에서 어른부터 청소년, 어린아이까지 평수와 등수와 점수라는 숫자의 노예로 살아가고 있어. 한국 사회가 소중히 여기는 가치는 평등(平等)이 아니라 평등(坪等, 평수와 등수)이야.❖

그렇게 비교하고 경쟁하는 삶은 미래를 위해 무조건 현재를 희생시키지. 지금 이 순간을, 더 나은 미래를 위해 준비하고 희생해도 되는 시간쯤으로 여기는 거야. 너희가 중간시험을 잘 보고 와도 칭찬이 아니라 또 다른 부담을 지게 되는 이유겠지. 부모님들은 이렇게 말할 거야. "기말시험이 중요하니까 더 열심히 해라." 기말시험을 잘 보면 어떨까? 중학생이라면 "고등학교 때 잘하는 게 진짜 실력이야"라는 말을 듣겠고, 고등학생이라면 "좋은 대학에 가는 게 제일 중요해"라는 말을 듣겠지.

그렇게 현재의 행복은 끝없이 유예되고 희생되지. 온전히 내 것인 현재의 행복은 없고, 그저 남과의 비교를 통한 상대적 만족이 있을 뿐이야. 미래를 위한 경쟁이 삶의 전부가 되어 버리는 거야. 소설가 장강명은 《한국이 싫어서》에서 이 사태를 이렇게 묘사했지. "자기 행복을 아끼다 못해 어디 깊은 곳에 꽁꽁 싸 놓지. 그리고 자기 행복이 아닌 남의 불행을 원동력 삼아 하루하루를 버티는 거

❖ 성장과 경쟁 일변도의 한국 사회가 빚어낸 결과는 끔찍하다. 자살률 10년 연속 세계 1위, 산재 사망률 1위, 노인 빈곤율 1위, 노동 시간 2위, 임금 불평등 2위, 반면에 출산율 12년 연속 세계 최저(1.2명), OECD 34개 회원국에서 행복지수 33위(한국보건사회연구원), GDP 대비 복지 예산 비율 꼴찌, 아동의 삶의 만족도 꼴찌, 삶의 질은 135개국 중 75위(미국 갤럽)… 아주 긴, 불행의 명세표가 끝없이 이어진다.(특히 출산율이 심각하다. 한국의 출산율은 2014년 1.20명, 2013년 1.18명, 2012년 1.29명, 2011년 1.24명, 2010년 1.22명, 2009년 1.14명, 2008년 1.19명, 2007년 1.25명, 2006년 1.12명, 2005년 1.07명(통계청, 〈2014년 출생통계〉) 등 2000년대 이후 줄곧 1.2명 언저리를 맴돌고 있다. 누가 봐도 노골적인 출산 파업이다.) 수출 규모 세계 7위, 무역 규모 세계 8위, GDP 규모 세계 11위라는 대한민국의 초라한 성적표다. 삶의 질과 관련해서 안 좋은 것들은 세계에서 수위를 달리고, 좋은 것들은 OECD에서 최하위에 머문다.

야."(186쪽) 수입이 전보다 늘어도 행복하지 못한 이유야. 그저 남의 불행을 원동력 삼아 자기 행복을 추구할 뿐이니까.

자사고나 대학 입시용 자기소개서의 인성 항목에서 학생들이 상투적으로 써내는 문구들이 있지. 특히 봉사활동 경험을 서술하면서 많이들 쓰는 내용이 있어. 바로 '어려운 처지에 있는 분들에 비해 내가 얼마나 행복하게 사는지 깨달을 수 있었다'는 거야. 학생들이 빠지는 전형적인 함정이지. '상대적인 만족감'은 봉사활동의 취지가 될 수 없어. 이것은 타인의 불행을 내 삶의 불쏘시개로 이용하는 것에 불과하지. 건강한 봉사활동은 연대와 상호부조를 배우는 활동이지, 자신의 경제적 수준을 확인하고 만족하는 활동이 아니야. 우리는 입시 중심의 교육을 통해서 "시기와 질투를 키우는 법"과 "타인과 나를 끊임없이 비교하는 법"(유하, 〈학교에서 배운 것〉)만을 배울 뿐이지.

3 학교와 부모와 사회가 달라져야

아이들을 죽이는 입시 경쟁

상식적으로 경쟁이 경쟁력을 높여 줄 거라고 생각하지. 그런 관점에서 지나친 입시 경쟁을 당연하게 여기기도 해. 그러나 이런 상식에 반하는 증거들도 많아. 스위스는 세계에서 가장 부유하고 산업

화된 나라 중 하나야. 1인당 국민소득이 8만 달러가 넘지. 그런데 1990년대 초까지만 해도 스위스의 대학 진학률은 다른 선진국들의 3분의 1 수준이었어. 스위스의 사례는 교육이 생산성에 미치는 효과가 생각보다 낮다는 사실로 설명되지. 스웨덴은 1인당 국민소득이 6만 달러 가까이 되고, 노르웨이는 놀랍게도 10만 달러를 넘지. 이들 나라들 역시 대학 진학률이 대부분 30퍼센트 언저리에 머물고 있어.

대학에서 배운 지식이 직장에서 업무를 수행할 때 직접적으로 도움이 안 되는 경우도 많아. 대학에서 역사학이나 심리학을 전공하면서 배운 지식이 자동차 세일즈맨이나 행정 공무원의 업무에 무슨 실질적 쓸모가 있겠어? 그렇다면 고등교육 여부가 채용 과정에서 중요하게 평가되는 이유가 뭘까? 고등교육은 경제학에서 '분류'라고 부르는 기능이 두드러진다고 볼 수 있어. 다시 말해, 고등교육(대학, 대학원)은 고용 시장에서 순위를 매기고 적임자를 고르는 손쉬운 기준이 되지. 대학(원)을 졸업했다는 사실은 대학(원)을 나오지 않은 사람들보다 똑똑하고, 의지가 강하며, 조직적 사고력이 있다는 증거로 여겨지지. 대졸자를 채용하는 회사는 대졸자의 지식이나 학력 자체보다 학력을 근거로 이런 일반적 능력을 판단해서 채용하는 거야.(장하준《그들이 말하지 않는 23가지》, 246~249쪽)

그렇다면 지금의 학벌·학력 경쟁 대신 다른 방식의 채용 기준도 고려할 수 있지 않을까? 물론 그 방식은 지금과 다르게 과도한 입시 경쟁을 부추기지 않는 방식이어야 하겠지. 비교에서 완벽히 자유로워지기란 어렵겠지만, 한국 사회는 '비교의 저주'에서 풀려나야 해. 물론 비교하지 않는 삶은 결단만으로 되진 않아. 그렇게 살려면 부단한 연습이 필요하지. 혼자서 연습할 수 있다면 좋겠지만, 쉬운 일이 아니야. 따라서 학교부터 변해야 해. "네 성적에 잠이 오니?" "대학 가서 미팅할래, 공장 가서 미싱할래?" 고등학교 교실에서 쉽게 볼 수 있는 급훈들이야. 또, 입시철이 지나고 '○○대 △명 합격!'이라는 현수막이 학교 앞에 내걸리지. 이런 급훈이나 현수막은 열심히 공부하라고 말하고 있는 듯하지만, 사실은 경쟁을 부추기고 있어.

입시와 성적이 전부인 학교. 그런 학교에서 교사들 역시 학생들을 성적으로 차별하지. 교사가 그렇다면 학생들이 서로를 차별하는 것은 당연하지 않을까? 힘없고, 못생기고, 공부 못하고, '빽'도 없는 약한 아이는 쉽사리 학교 폭력의 먹잇감이 되곤 하지. 우리나라 청소년의 행복지수는 OECD 국가 가운데 최하위야. 2014년 10월 보건복지부가 초중고교생을 대상으로 실시한 조사에 따르면, 한국 10대 청소년들의 삶의 질(만족도)은 100점 만점에 60.3점으로 OECD 국가 가운데 꼴찌였어. 가장 큰 원인은 학업 스트레스였지. 자살한 학생 중 성적 비관이 이유인 비율은 2012년 11.5퍼센트에서 2014년 22.9퍼센트로 늘어났어. 성적 경쟁 속에서 학생들은 엄청난 학습 노동에 짓눌려 살아가지. 일상의 동선은 '학교-학

원-집'을 도는 무한궤도이고, 생활은 '공부-공부-공부'로 점철되는 무한 반복이야. 새벽까지 학원을 전전하는 일상은 교육보다 노동에 가깝지.

지나친 성적 경쟁이 오직 학교 탓만은 아닐 거야. 당연하게도 학교가 속한 이 사회가 문제겠지. 학교와 더불어 이 사회와 어른들이 변해야 해. 어떻게 변해야 할까? 대학에 가지 않아도 사람답게 살 수 있는 세상이 되어야겠지. 또, 소득이 적고 가진 게 없어도 최소한 인간의 품위를 유지할 수 있어야 하겠고. 그러려면 모두가 좀 더 고르게 나누는 세상을 만들어야 해. 좀 더 고르게 나눠서 열심히 일하는 사람이면 누구나 엇비슷하게 살 수 있는 그런 세상 말이야. 그런 세상이라면 이렇게 성적과 입시에 목매달지 않고 경쟁 이데올로기에 휘둘리지 않겠지. 당장에 할 수 있는 일은 법정 최저임금을 올리는 것이고, 궁극적으로는 학벌 차별이나 학력 차별을 없애야겠지.

어쨌든, 과중한 학습 노동이 청소년들의 어깨를 짓누르고 있어. 중학생들은 수업 시간에 초점을 잃은 채 무기력하게 침묵해. 그러다 종이 울리면 복도로 우르르 몰려나와 소리 지르고 미친 듯이 뛰어다니지. 어른들 눈에는 이런 행동이 '미성숙한 애들의 짓거리'로 보일 거야. 하지만 그것은 강요된 학습, 학습을 위한 학습의 방증일 뿐이야. 삶과 앎이 있어야 할 자리는 입시와 학습 노동, 암기와 문제 풀이가 차지하고 있지. 입시라는 괴물이 청소년들을 집어

삼키고 있어. 과도한 학습 노동과 입시 부담에 짓눌린 중학생들을 중2병에 걸린 환자로 낙인찍는 거야. 중학교 시기는 신체적으로는 아주 활발한 시기야. 자신의 신체가 커지고 힘이 세지는 걸 강하게 느끼는 시기지. 그런 아이들을 사방이 꽉 막힌 교실에 가둬 놓고 닦달하고 몰아세우는 거야. 학교는 학생들이 꿈을 꾸게 하기보단 기존의 가치(경쟁, 우울, 성공 등)를 주입시키고 그 가치에 학생들을 끼워 맞추려 하지. 학생들의 다양한 관심과 능력은 오직 입시와 성적의 잣대로 재단될 뿐이야. 그러니까 교실에서 초점을 잃고 멍 때리는 건 그들의 잘못이 아니지. 재미도 없고, 유익하지도 않은 수업에 눈빛을 반짝거리기는 힘들겠지. 또, 대체로 학원에서 이미 배운 내용들이라 더더욱 흥미가 없지.

'중2병'이라는 낙인

여기서 우리는 '중2병'이라는 질병에 대해서도 다시 생각해 볼 수 있을 거야. 흔히 사춘기에 짜증과 불만이 많은 심리적 상태를 '중2병'이라고 불러. 부모님 입장에선 아이가 자기밖에 모르고, 밑도 끝도 없이 대들며, 입에 필터라도 달아 주고 싶을 만큼 아무 말이나 막 한다고 생각하지. 초등학교 때까지는 어느 정도 자유롭게 지내다가 중학생이 되면 본격적인 입시 전쟁이 시작되지. 물론 고등학교와 비교하면 전초전 성격에 불과하지만 말이야. 중2병의 뿌리에는 갈수록 아래로 내려가는 입시의 부담도 있을 거야. 독일의 취학 통지서에는 이런 주의사항이 담겨 있대. "귀댁의 자녀가 입학 전에 글자를 깨우치면 교육 과정에서 불이익을 받을 수 있습니다." 어떤 한국 부모가 불안해서 산수와 알파벳만 가르쳐서 학교에 보냈어. 그러자 며칠 뒤 담임교사가 전화를 했지. "왜 그걸 가르쳐서 보냈느냐? 만일 당신 아이가 수업 시간에 집중을 못해 산만해지고 성격 형성에 지장이 생기면 책임질 수 있느냐?" 심지어 프랑스에선 취학 전 아이들에게 학원이나 유치원에서 알파벳을 가르치면 위법 행위로 처벌하는 규정이 있다고 해.(하종강 〈학교에서 왜 노동교육을 해야 할까?〉 참고)

청소년들이 사춘기라서 이유 없이 신경질을 내는 건 아니지. 신경질을 낼 때는 분명 이유가 있을 거야. 신체적 변화로 인해 스스로 '어른'이 되고 있다고 느끼는 아이와 여전히 자식을 그저 '어린' 아이로만 생각하는 부모, 그 평행선이 사춘기 갈등의 발원지가 아닐까? 결국 "누군가의 전적인 보호를 받아야 할 나이도 아니고, 그렇다고 해서 스스로 서기에는"(구병모 《위저드 베이커리》, 69쪽) 부족한 나이가 문제인 거야. 스무 살이 지나 대학생만 돼도 부모님은 자식을 어느 정도 성인으로 인정해 주잖아.

그렇지만 실제로 청소년들은 변성기나 초경이 시작되면 자신이 아이에서 어른으로 옮겨 가고 있다고 느껴. 그러나 부모님은 여전히 자식을 어린애로만 여기지. 쉽게 말해, 몸은 자랐지만 사고 수준은 철딱서니 없는 '초딩'과 다를 바 없다고 생각하는 거야. 사춘기의 갈등은 바로 이 지점에서 시작되지. 그렇다면 해법은 무엇일까? 어쨌든 사춘기의 청소년은 누구보다 '어른-되기'를 실감하고 있지. 자기 몸이 바뀌고 있으니까 말이야. 그런 청소년에게 "넌 아직 어려"라고 아무리 말한들 소용이 없겠지. 따라서 부모님이 자식을 인정해야 해. 그러면 갈등은 해소되고 관계는 부드러워질 수 있어.

심리학자 알프레드 아들러는 사춘기를 긍정적인 관점에서 이해했어. 아들러의 말을 직접 들어 볼까. "사춘기는 자신이 어린아이가 아니라는 점을 증명하고자 하는 몸짓이다. 그러한 몸짓들이 당연한 것으로 수용되면 많은 부분에서 긴장감이 없어질 수 있을 것이다. 사춘기의 표현 중에서 가장 커다란 부분을 차지하는 것은 독립하고자 하는 희망과 어른과 동등한 대우를 받고 자신이 성인과 다름없는 인간이라는 사실을 나타내고자 하는 간절한 바람이다."(박미자 〈중학생이라는 수수께끼 풀이〉에서 재인용) 아마도 일생에서 가장 자존심이 강한 시기가 바로 중학생 시기일 거야. 중학생들이 바라는 것은 아주 단순하지. 부모님이나 선생님이 자기를 존중하는 태도와 언어를 보여 주는 것. 더는 자신을 애 취급하지 않고 동등한 인격체로 대우해 주는 것. 해결책은 의외로 간단하지. 부모님들이 사춘기가 아이에서 어른으로 가는 이행기라는 사실을 받아들이면 돼.

이미 사춘기를 지난 친구들도 있겠고, 아직 사춘기를 겪고 있는 친구들도 있을 거야. 부모님이 아닌 너희에게 굳이 이런 이야기를 하는 이유가 뭘까? 정작 부모님들에게 필요한 이야기인데 말이야. 그 이유는, 너희가 부모가 됐을 때 지금 너희가 부모님께 대우 받고 싶은 대로 너희 자식을 대하라는 뜻에서야. 재미있게도, 너희 부모님들도 어렸을 때 너희와 비슷한 갈등을 겪었어. 그런데 어른이 되면서 올챙이 적 생각을 못하는 거지. 별거 아닌 것 같지만, 이는 아주 중요한 문제야. 모순으로 가득 찬 세상이 쉽게 바뀌지 않는 이유가 바로 여기에 있거든. 폭력과 학대를 당한 후임병이 선임병이 돼서 폭력의 고리를 끊는다면, 갈굼과 모멸을 당한 초짜 의사나 간호사(의사와 간호사 사회는 위계질서가 강하기로 유명해)가 선배가 돼서 구습의 사슬을 끊는다면, 신입생 환영회 등에서 기압이나 폭력을 경험한 후배가 선배가 돼서 폭력의 관례를 벗어던진다면, 군대와 병원과 대학의 문화는 진작 나아졌겠지. 그러나 대부분의 사람들이 이전 세대와 똑같이 행동하지. 세상이 바뀌지 않는 이유야.

4 남이 아니라 나와 비교하자

우리는 남과 비교하기만 할 뿐 자신과 비교하지 않아. '자신과의 비교'가 뭐냐고? 비교의 방식에는 크게 네 가지가 있어. 하나는 나와 비슷한 사람과 비교하는 거고, 둘째는 나보다 못한 사람과 비교하는 거고, 셋째는 나보다 잘난 사람과 비교하는 거지. 여기까지는 우리가 너무나 잘 아는 '남과의 비교'야. 나보다 잘난 사람과 비교하면 더욱 열심히 해야겠다는 자극을 받게 돼. 그리고 나보다 못한 사람과 비교하면 상대적인 만족감과 우월감을 느끼지. 그런데 실제 연구 결과는 어떠한 비교든 정신 건강에는 별로 안 좋은 것으로 드러났어. 나보다 잘난 사람과의 비교는 물론이고 나보다 못한 사람과의 비교도 횟수가 잦아질수록 행복감을 떨어뜨렸지.

나보다 잘난 사람과의 비교는 그렇다 쳐도, 나보다 못한 사람과의 비교도 궁극적으로는 행복감을 떨어뜨리는 이유가 뭘까? 비교를 통해 얻은 만족감이 진짜 행복감이 아니라 상대적 행복감에 불과하기 때문이지. 예를 들어 공부를 잘해서 의대를 졸업하고 의사가 된 사람이 있다고 해 봐. 사실 이 사람은 의사가 아니라 화가가 되고 싶었어. 그런데 공부를 잘하고 부모님 반대로 의대에 진학해야 했지. 분명 의사라는 직업은 경제적 보상이나 사회적 인정 등에서 빠지지 않는 직업임에 틀림없지. 보통의 직장 생활을 하는 친구들과 비교해 봐도 그렇지. 그런데 자기가 진정 원했던 직업이 아니기 때문에 궁극적으로는 행복하지 않은 거야. 이렇게 특정한 조건(의사의 연봉 등)을 비교할 때는 상대적 만족감을 느낄 수 있지만, 그 조건 밖의 다른 측면이 진정한 만족감을 주지 못한다면 행복감은 금세 상쇄되고 말겠지.

그렇다면 우리는 다른 종류의 비교를 생각해 봐야 하지 않을까? 바로 나 자신과 비교하는 거지. 앞에서 살펴본 내용은 모두 남과의 비교에 해당되는 것들이야. 그런데 우리는 다른 사람이 아니

라 바로 나 자신과 비교할 수 있겠지. 어제보다 더 나은 오늘의 나를 비교 대상으로 삼을 수 있는 거잖아. 어제보다 더 건강한 나, 어제보다 더 자유로운 나, 어제보다 더 사회의식을 갖춘 나…, 이런 식의 비교가 가능하겠지. 물론 대다수 사람들은 어제의 나와 오늘의 나를 비교할 생각은 안 하지만. 영화 〈킹스맨〉에는 이런 대사가 나오지. "타인보다 우수하다고 고귀한 것은 아니다. 과거의 자신보다 우수한 것이야말로 진정 고귀한 것이다."(헤밍웨이)

우리는 비교의 대상뿐만 아니라 비교의 내용도 바꿀 수 있어. 자유나 사회의식에서 눈치챈 친구들도 있을 텐데, 물질이나 물질을 획득할 가능성을 비교하지 않고 사회의식이나 역사의식, 정치의식, 인권 감수성과 같은 가치와 교양을 비교할 수 있겠지. 오늘의 나는 어제의 나보다 정치적으로 더 성숙해졌을까? 오늘의 나는 어제의 나보다 지구 환경을 지키기 위해 더 노력하고 있을까? 이런 식의 비교는 무궁무진하지. 우리가 익숙하지 않고 시도하지 않아서 모를 뿐이야. 또 학교나 사회에서 적극적으로 가르쳐 주지 않아서 잘 모를 뿐이지. 더 나아가 오늘의 나와 내일의 나를 비교하며 미래를 설계할 수도 있겠지. 이런 비교를 통해 나를 더욱 성숙시키고 세상을 더욱 살기 좋은 곳으로 만들 수 있지 않을까?

불행에 이르는 방법은 간단해. 남과 비교하면 되지. 남과 비교하며 괴로워하는 자기 열등감은 행복의 가장 큰 적이야. 물론 남과 비교해서 자극을 얻을 수도 있지. 비교란 자신을 다그치는 채찍이기 때문이야. 그러나 다르게 생각하면 발전이 무조건 좋은 건 아니지. 발전이란 자기를 억압한 결과일 수 있거든. 자기 능력을 폄하하고 솔직한 감정을 억누르며 오늘의 행복을 내일로 유예한 결과 말이야. 세상에 공짜는 없어. 무언가를 얻을 때는 반드시 잃는 것이 있지. 성공한 부모가 자식에게 넘치는 애정을 쏟기는 어렵지. 남보다 더 성공하려면 자신의 시간과 정력을 더 쏟아야 하고, 그만큼 자식에게 쏟을 시간과 정성은 줄어들기 마련이니까.

사실 사람들이 행복을 느끼는 최상의 상태는 대개 비교가 끼어들지 않을 때야. 가족과 함께한 즐거운 식사나 여행, 친구와 마음껏 나눈 유쾌한 수다, 좋아하는 취미 활동 등등, 이런 것들은 그 자체로 만족감을 주지. 그런데 여기에 비교가 끼어들면 만족은 불만족으로 변질되지. 남들이 얼마나 자주 외식을 하고 해외여행을 떠나는지 비교하기 시작하면 남들보다 무조건 더 많이 해야만 만족할 수 있어. 그래서 작가 에반 에사르는 이렇게 말했어. "당신이 갖고 있는 것과 갖고 싶은 것(즉 남이 가진 것)을 비교하면 불행해진다. 당신이 갖고 있는 것과 가져 마땅한 것을 비교하면 행복해진다." 갖지 못한 것 때문에 지금 가진 것을 소홀히 하는 순간, 인생은 불행의 나락으로 곤두박질치지.

그러니 행복해지려면 남을 향한 시선을 거둬야 해. 밖을 향한 시선을 자기 안으로 돌려야지. 즉, 내가 남보다 얼마나 더 가졌는지가 아니라 오늘의 내가 어제의 나보다 얼마나 더 나아졌는지를 비교해야 해. 세네카는 이런 말을 남겼어. "남이 너보다 더 행복한 것이 너를 괴롭힌다면 너는 결코 행복해질 수 없다." 법정 스님도 "행복의 비결은 필요한 것을 얼마나 갖고 있는가가 아니라, 불필요한 것에서 얼마나 자유로워져 있는가에 있다"고 했지. 더불어 비교와 성공의 잣대를 버리고 행복과 만족의 잣대로 인생을 바라볼 필요가 있어. 간디학교의 양희규 교장선생님은 〈내가 교육에 관해 배운 세 가지〉라는 글에서 이렇게 고백했지.

나는 언제부터인가 성공하라고 이야기하지 않는다. 대신 행복하라고 말한다. 부족하고 재능이 없고 운이 없는 친구라도 행복할 수 있다고 이야기한다. 그리고 확률이 거의 없는 성공을 위해 행복을 희생하는 것은 정말 바보나 하는 짓이라고 이야기한다. (…) 교육은 성공에 관한 것이 아니라 행복에 관한 것이다. 성공은 극소수만 획득할 수 있는 것이라면, 행복은 누구나 노력하면 도달할 수 있는 목표이기 때문이다.

닐 암스트롱은 최초로 달 표면을 걸었던 사람이다. 그렇다면 두 번째로 걸었던 사람은 누구일까? 미국의 초대 대통령은 조지 워싱턴이다. 그렇다면 두 번째 대통령은 누구일까? 정답을 아는 사람이 별로 없을 것이다. 우리는 1등을 기억하기에도 벅차니까. 우리가 기억 못하는 2등들에게는 '1등만 기억하는 더러운 세상'인 셈이다. 그러니까 2등이 3등보다 더 불행할 수밖에 없는 것이다. '조금만 더 했더라면 1등을 할 수 있었을 텐데…' 하면서 아쉬워하며. 2등도 참 잘한 건데, 행복할 여유가 없다. 비교의 덫에 빠진 결과이기도 하고, 사회가 1등만 인정하기 때문이기도 하다.

달 표면을 두 번째로 걸었던 사람은 에드윈 버즈 올드린이다. 닐 암스트롱과 정확히 19분 차이로 달에 발을 디뎠다. 버즈 올드린, 처음 들어 보는 이름인가? 아마 대부분 그럴 것이다. 한국인들에겐 낯선 이름이지만, 미국인들에게는 닐 암스트롱 못지않은 유명 인사다. 왜? 암스트롱은 지구로 귀환한 뒤로 거의 잠적하다시피 활동을 안 했다. 반면에 버즈 올드린은 많은 활동을 했기 때문이다. 방송과 강연을 통해 우주 탐사 계획을 많은 사람들에게 알렸을 뿐만 아니라 영화에도 출연했고, SF 소설을 쓰기도 했으니까.

〈토이 스토리〉라는 애니메이션이 있다. 거기에 나왔던 이 녀석을 기억하는가? 우주 비행사 차림의 이 녀석(왼쪽 사진) 이름이 바로 버즈다. 맞다, 버즈 올드린에서 따왔다. 역사상 가장 유명한 사진 중

하나인 달에 서 있는 사람(오른쪽 사진)도 버즈 올드린이다. 암스트롱의 사진은 없다. 왜냐하면 사진기를 든 사람이 암스트롱이었고, 암스트롱이 올드린을 찍었기 때문이다. 어떤 이들은 2등인 올드린이 암스트롱을 질투해 사진을 찍어 주지 않았다고 얘기하기도 하지만, 사실이 아니다. 각자의 역할이 다르게 정해져 있었을 뿐이다.

세상은 1등만 기억하는 것 같지만, 2등도 노력 여하에 따라 기억될 수 있다. 그러니 1등만 기억한다고 욕할 필요는 없다. 아니, 욕은 해도 되는데 실망할 필요는 없다. 2등이라고 좌절하지 말고 당당하게 2등의 영광을 누리면 된다. 그리고 1등과 비교하지 말고 2등으로서 잘 살 방법을 찾으면 된다. 사실, 진짜 중요한 것은 1, 2등만을 기억해선 안 된다는 점이다. 세상이라는 무대에서 누군가는 주연을 맡지만, 누군가는 조연이나 단역을 맡는다. 사람들의 시선은 온통 주연에만 쏠린다. 그러나 조연이나 단역이 없다면 연극을 무대에 올릴 수 있을까? 우리가 조연이나 단역을 감히 무시해선 안 되는 이유다.

4장

어른들이라고 꼭 똑똑할까?

1 전문가를 물먹인 실험들

누가 주식 투자의 귀재일까?

2001년 영국과학진흥협회가 아주 재미있는 실험을 진행했어. 실제 실험은 심리학자 리처드 와이즈먼이 주도했지. 일주일 동안 투자 전문가, 점성술사, 티아라는 이름의 네 살짜리 어린아이가 주식 투자 대결을 벌이는 실험이었어. 티아의 경우에는 100장의 종이쪽지에 적힌 주식 중에서 아무거나 잡히는 대로 매입 대상을 결정하기로 했지. 점성술사는 회사의 역사를 바탕으로 주식을 사들였어.

세 명의 실험 참가자들은 영국의 100대 기업에 투자할 수 있었지. 점성술사는 회사들의 설립 일자를 조사한 후 통신주와 기술주를 포함한 다양한 분야에 투자하기 시작했어. 투자 전문가는 주로 통신주에 투자했지. 티아는 마구잡이로 투자 대상을 골랐어. 자기 마음대로 종이쪽지를 주웠으니까 당연하겠지.

결과는 놀랍게도 티아의 승리였어. 투자 전문가는 결과에 불복했지. 재대결이 성사됐고 이후 투자 실험은 1년 동안 진행됐어. 하지만 재대결의 결과는 투자 전문가에게 더 망신스러울 뿐이었지. 티아가 다시 우승했을 뿐만 아니라 투자 전문가의 실적은 점성술사보다도 못했지. 티아는 5.8퍼센트의 이익을 냈고, 점성술사는 6.2퍼센트의 손실을 봤지만, 투자 전문가는 무려 46.2퍼센트의 손실을 봤어. 전문가의 투자금이 반 토막이 났던 거야.

실험 이후 영국에선 점성술 관련 서적이 큰 인기를 누렸지. 게다가 점성술사들은 증권 투자 자문까지 하느라 더욱 바빠졌다고 해. 〈제이 르노 쇼〉라는 TV쇼에선 투자의 귀재인 티아에게 출연 섭외를 요청했지. 하지만 티아의 부모는 티아가 놀기 바쁘다며 TV쇼 출연을 거절했어. 그런 이유로 방송 출연을 거절한 사람은 아마 티아가 처음이었을 거야.

전문 투자자와 고양이 중에서 누가 더 투자를 잘하는지 알아보는 실험도 있었지. 영국의 〈옵저버〉에서 주관한 2012년 투자 대회에선 전문 투자자 팀과 올랜도라는 이름의 평범한 다갈색 수고양이가 맞붙었어. 런던 증권거래소에 상장되어 있는 회사 주식 5개를 골라 5000파운드를 가상으로 투자하면서 시합을 벌였지. 이들은 3개월마다 보유 주식을 증권거래소에 상장되어 있는 다른 주식과 거래할 수 있었어.

전문 투자자들은 전문 지식과 수십 년간의 투자 경험을 이용했지. 반면 올랜도는 서로 다른 회사를 의미하는 숫자가 적힌 격자판에 장난감 쥐를 던져 주식을 선택했지. 1년 가까이 진행된 투자 결과를 연말에 분석해 보니 웃어야 할지 울어야 할지 모를 결과가 나왔어. 전문 투자자들의 수익률은 평균 3.5퍼센트에 불과한 반면 고양이의 수익률은 무려 10.2퍼센트에 달했지. 이때도 투자 전문가들이 실험 결과에 불복해 재대결이 벌어졌지만, 역시 올랜도가 승리했다고 해.❖

전문가 속이기

우리는 의사, 교수, 과학자, 변호사, 경제학자 등의 전문가를 지나치게 신뢰하는 경향이 있어. TV에 나와서 그들이 하는 말은 전부는 아니더라도 대부분 정확할 거라고 생각하지. 어때? 다들 그렇지 않아? 그래서 전문가들이 말을 시작하면 우리는 생각하기를 멈추지. 그들은 정답을 알고 있지만, 우리는 모른다고 믿기 때문이야. 그래서 그들이 시키는 대로만 하려고 하지.

최근 실시된 한 실험에서 성인 집단에게 전문가의 충고를 고려

❖ 미국 〈월스트리트저널〉에서도 비슷한 실험을 했다. 원숭이, 개인 투자자, 펀드매니저들이 꼽은 포트폴리오(투자 대상 목록)를 놓고 2000년 7월부터 1년 가까이 진행한 주식 투자 게임이었다. 결과는 앞서와 같았다. 인간이 원숭이에게 얼굴을 들지 못하는 결과가 나와 버렸다. 1등은 2.7퍼센트의 손실을 기록한 원숭이였다. 펀드매니저는 손실률이 13.4퍼센트나 됐고, 개인 투자자는 28.6퍼센트로 투자금의 3분의 1이 날아갔다. 비슷한 실험이 스웨덴의 한 신문사에서도 진행된 적이 있다. 그때도 침팬지가 이용됐는데, 역시 침팬지가 증권 전문가를 이겼다. 우리나라에서도 비슷한 실험을 진행한 적이 있다. 2002년 4명의 증권 전문가와 2마리의 침팬지가 대결을 벌였다. 여기서도 침팬지가 승리했다. 앞으로 주식 투자는 침팬지에게 맡겨야 하나? 그냥 아무 생각 없이 투자해도 될 것 같다.

어쩌면 최고의 투자 전략은 최소한도로 거래 횟수를 줄이는 것인지도 모른다. UC 버클리대학 금융학과의 테리 오딘은 〈트레이딩은 당신의 재산에 위험하다(Trading Is Hazardous Your Wealth)〉라는 논문에서 가장 활발하게 거래하는 투자자가 일반적으로 나쁜 운용 성과를 내는 반면, 가장 적게 거래하는 투자자가 좋은 성과를 낸다는 사실을 보여 줬다. 또한 〈사내애가 늘 그렇지(Boys Will Be Boys)〉라는 논문에서는 남성이 여성에 비해 불필요한 생각에 훨씬 더 민감하게 반응하면서 거래 횟수가 늘어나고, 그 결과 남성이 여성보다 투자 성과가 나쁘다는 결론을 제시했다.(대니얼 카너먼 《생각에 관한 생각》 참고)

해 금융과 관련된 의사 결정을 내리게 했어. 이들이 결정을 내리는 동안 연구자들이 뇌혈류 변화를 보여 주는 fMRI 스캐너로 그들의 두뇌 활동을 관찰했지. 결과는 놀라웠어. 전문가의 조언이 시작되자 실험 참가자들의 두뇌 중 독립적인 의사 결정을 담당하는 부위가 활동을 거의 멈췄지. 흔히 사회적으로 유능하다고 여겨지는 이들조차 일반인과 전혀 다르지 않았어. 실제로 여러 연구에서 CEO, 기업 임원, 전문직 종사자, 고액 연봉자 등을 비롯해 자기 나름의 경험과 전문성과 영향력을 갖춘 이들조차 다른 분야의 전문가 집단을 신뢰한다는 결과가 나왔거든.

심지어 같은 분야의 전문가들조차 다른 전문가들을 지나치게 신뢰하는 경향이 있지. 1972년 서던캐롤라이나대학과 일리노이대학의 의과대학 교수들은 놀랍고도 충격적인 실험 결과를 발표했어. 실험은 일반적인 강연 형식으로 진행됐지. 인간 행동을 수학적으로 분석하고 이를 다시 인간 행동에 적용하는 최신 분야의 권위자라고 소개된 마이런 폭스 박사가 그날의 연사였어. 그런데 이 사람은 진짜 박사가 아니라 실제 이름이 마이클 폭스인 연기자였지. 마이런 폭스는 해당 분야의 전문가인 정신과의사, 심리학자, 사회복지사들 앞에서 강연을 했어. 강연 제목은 '의사 교육을 위한 수학적 게임 이론의 응용'이었지.

한 시간 동안 강의가 진행됐고 30분 동안 질의응답이 이어졌어. 강연 후 실시한 설문조사 결과는 한마디로 충격적이었지. 청중들의 반응은 '뛰어난 발표였다', '주제를 훌륭하게 전달했다', '아주 흥미로운 내용이었다' 등등 가관이 아니었어. 그러나 연기자가 강연한 내용은 아무런 의미도 없었지. 전문용어를 일부 활용했을 뿐, 논리나 체계도 없었고 전체적으로 같은 내용을 반복한 것에 지나지 않았어. 물론 자연스럽고 진짜처럼 보이기 위해서 유머와 전문용어, 그리고 잡다한 참고문헌 등을 여기저기에 섞어 놓았을 뿐이야. 그런 것들이 사람들의 눈을 가려서 진실을 못 보게 했지. 강의를 들은 전문가들 중에서 속임수를 간파한 사람은 한 명도 없었어.

다른 연구에서도 말이나 글이 장황하고 어렵게 느껴질수록 더 전문적으로 여긴다는 사실이 확인됐지 1980년 스콧 암스트롱 교수는 경영학과 교수 20명에게 학문적 위상을 기준으로 경영학 학술지 10편의 순위를 매겨 달라고 요청했지. 대상 학술지들은 가독성 정도가 다양했어. 비교적 쉬운 학술지도 있었고, 다소 어려운 학술지도 있었지. 교수들은 가장 읽기 어려운 학술지들을 높게 평가했어. 그리고 가장 읽기 쉬운 학술지들을 낮게 보았지. 읽기 어려운 학술지는 정말 비범한 내용을 담고 있어서 읽기 어려웠던 걸까? 암스트롱이 읽기 어려운 학술지의 내용을 알기 쉬운 말로 고쳐 써서 내놓자, 교수들은 이를 전보다 더 낮게 평가했지. 그러니까 같은 내용이라도 어렵게 써야 더 전문적으로 보인다는 거야. 일반인들이야 그렇다 쳐도, 대학 교수들조차 그런 착각을 한다는 게 놀라울 따름이지.

2 전문가들도 실수한다

과연 경제를 예측할 수 있을까?

아래는 부동산 가치 추정에 있어서 국내 최고의 권위를 자랑하는
한국건설산업연구원의 주택 가격 전망이야.

	예측	실제
2005년	3~5퍼센트 하락	4퍼센트 상승
2006년	4.7퍼센트 하락	13.8퍼센트 상승
2007년	1.6퍼센트 상승	3.1퍼센트 상승
2008년	4.5퍼센트 상승	3.1퍼센트 상승
2009년	5~10퍼센트 하락	1.5퍼센트 상승

예측한 값과 실제 값의 차이를 비교해 봐. 2007년과 2008년을
제외하면 완전히 어긋났지. 차라리 눈 감고 찍어도 이보다 더 정확
하게 예측할 수 있지 않을까? 한 번도 정확히 일치하지 않는 걸 보
면, 아마 그럴 수 있을 것 같아. 이 얘기는 잠시 뒤에 소개할 〈이코
노미스트〉의 놀라운 실험에서 다시 확인해 보기로 할게.

2008년 미국발 세계 금융 위기가 발생했어. 1930년대 이후 전
세계에서 발생한 최대의 경제 위기였지. 금융 시장 붕괴의 직접적
원인은 부동산을 바탕으로 한 각종 금융 상품(이른바 파생 금융 상품
이라고 불러. 이름이 좀 어렵지? 내용은 몰라도 돼)의 대량 개발 및 유통에

있었어. 이 파생 금융 상품들은 이른바 금융 공학 귀재들의 작품이었지. 그 상품들은 위험 관리 이론에 의거해서 개발된 것들이었어. 금융 공학의 천재들이 고도의 수학과 통계학 그리고 컴퓨터 기법을 동원해서 개발한 금융 상품들이 한순간에 휴지 조각이 되면서 2008년 미국의 금융 시장은 붕괴 직전의 위기를 맞았지. 물론 부동산 거품 붕괴라는 외부적 요인이 있었지만, 어쨌든 천재들이 만든 작품들은 쓰레기가 되어 버렸어.

놀랍게도 수많은 경제학자들과 전문가들이 이를 전혀 예측하지 못했어. 물론 로버트 실러 예일대학 교수, 라구람 라잔 시카고대학 교수 등 일부 경제학자들이 위기를 예측했지만 주류 경제학자들로부터 철저히 묵살당했지. 그래서 한쪽에선 "경제학을 리콜하라"는 요구가 터져 나왔어. 위기를 예측하기는커녕 위기를 낳은 경제학이 도대체 무슨 쓸모가 있느냐는 항변이었지. 대공황에 대한 연구로 박사 학위를 받고 경기 변동에 관한 한 세계 최고의 권위자로 알려진 버냉키 전 연방준비은행 의장은 미국발 세계 경제 위기 직전인 2007년에 부동산 거품이 금융 붕괴를 초래하는 일은 결코 없을 거라고 호언장담했지.

미국 최대의 보험회사 AIG가 파산하기 6개월 전, AIG의 CEO 조 카사노는 이렇게 말했지. "경솔하게 들릴지 몰라도 적어도 신용부도스와프(이것도 이름이 낯설지? 마찬가지로 내용은 몰라도 돼. 중요한 건 이것이 거덜 나면서 AIG가 망했다는 사실!) 거래에선 1달러라도 손실을 입을 가능성이 없다." 이 발언이 나오고 얼마 안 돼서 AIG는 파산했어. 그런데 그 원인은 본업인 보험 사업이 아니라 신용부도스와프 거래에서 기록한 4410억 달러(500조 원)의 손실이었지. 결국 AIG는 미국 정부로부터 천문학적인 구제 금융을 받고 간신히 위기를 모면할 수 있었어.

경제와 관련해서 예측이 틀리고 경솔한 발언이 진짜 경솔한 것으로 판명 난 건 이번이 처음이 아니야. 1930년대 대공황 때도 경제학자들이 이를 전혀 예상하지 못했다는 건 잘 알려진 사실이지. 대공황 직전까지 미국은 호황을 누리고 있었어. 대공황이 바로 코앞에 닥쳐왔는데도 불구하고 당대 최고의 경제학자로 추앙받던 예일대학의 어빙 피셔는 미국 경제가 탄탄대로를 걷고 있으며 호황이 계속될 거라고 큰소리쳤지. 어빙 피셔는 대공황이 찾아온 뒤에도 대공황은 일시적 현상에 불과하고, 곧 경제가 회복될 거라고 수차례나 자신 있게 말했어. 하지만 그때마다 주식시장은 곤두박질쳤지. 경기 변동 전문가들이 모인 하버드대학의 경제연구회는 대공황이 조만간 끝날 거라고 수차례 밝혔지만, 대공황이 10년간 계속되자 학회를 자진 해산해 버렸어.

대공황이나 2008년 세계 금융 위기 등은 너무 큰 사건이라서 예측할 수 없었다고 항변할 수도 있겠지. 그렇다면 좀 더 작은 규모의 경제 현상에 대한 예측은 정확할까? 어느 학자가 1970년대 초반 미국의 주요 경제단체들이 발표한 예측을 종합해서 분석했지. 그에 따르면, 총 48회 중에서 제대로 알아맞힌 경우는 딱 2회에 불과했어. 미국의 경우 1970년대 초반은 경제 격변기에 해당하기 때문에 정확한 예측이 무척 어려웠을 거야. 하지만 비교적 안정기인 1980년부터 1995년까지의 기간 동안에도 미국 연방준비은행의 예측 성공률은 38퍼센트에 지나지 않았지.

이 밖에도 권위 있는 경제단체들의 예측을 분석한 연구들이 많이 있는데, 공통적으로 성공률이 50퍼센트를 넘는 경우가 거의 없었어. 50퍼센트가 의미하는 게 뭘까? 너희가 동전을 던져서 앞면이 나올지 뒷면이 나올지 맞힐 확률이지. 그러니까 정교하고 수학적인 경제학자들(경제 전문가들)의 예측이 동전 던지기보다 나을 게 없다는 거야. 동전을 던지면 두 번에 한 번은 맞히지만, 경제학자의 예측은 그보다 못한 수준이니까.

1984년 〈이코노미스트〉는 직업군이 다른 네 집단에게 10년 후 세계 경제가 어떻게 달라질지 예측해 달라고 요청했어. 각 집단들은 전 재무부 장관 4명, 다국적기업 회장 4명, 옥스퍼드대학 학생 4명, 청소부 4명으로 이루어졌지. 각 집단에겐 경제 성장, 인플레이션, 파운드-달러 환율 등과 관련된 똑같은 질문이 주어졌어. 싱가포르의 1인당 GDP가 오스트레일리아의 1인당 GDP를 언제 추월할지를 예측하는 질문도 있었지.

10년 후인 1995년 〈이코노미스트〉는 어떤 집단의 예측이 가장 정확했는지 확인하기 위해 10년 전 답변을 검토했어. 각 질문별로 정확도에 따라 4점부터 1점까지 점수를 부과했지. 어떤 집단이 가장 높은 점수를 받았을까? 놀랍게도 청소부들이야. 그렇다면 꼴찌는 누구였을까? 더 놀랍게도 전 재무부(재무부는 우리로 치면 기획재정부, 즉 국가 경제를 좌지우지하는 정부 부서야.) 장관들이 꼴찌였지. 믿기지 않겠지만 사실이야. 세계 경제가 왜 이 모양인지 짐작이 가지? (사실 여부를 직접 확인해 보고 싶은 사람은 〈이코노미스트〉 1995년 6월 3일자 기사 'Garbage in, Garbage out'의 내용을 찾아보도록 해.)

전문가에게 모두 맡겨선 안 되는 이유

우리가 전문가들을 지나치게 신뢰하는 게 왜 문제일까? 어쨌든 전문가는 전문적인 식견과 자격을 가진 사람들 아닌가? 우리가 그들을 믿지 않으면 누구를 믿지? 이렇게 생각하는 친구들이 있을 거야. 전문가를 무조건 믿지 말라는 게 아니야. 그렇게 할 수도 없고 그렇게 해서도 안 되겠지. 다만 전문가에게 모든 것을 맡기고 아무 생각도 하지 않는 사람이 되진 말자는 거야. 여러 전문가의 의견을 종합적으로 비교해 볼 수도 있고, 전문가의 의견 말고 자기 스스로 관련 서적이나 연구서를 찾아서 살펴볼 수도 있겠지. 왜 군이 그래야 하느냐고? 전문가도 사람이기 때문이야. 언제든 실수하고 오해하고 오판할 수 있는 사람이란 말이지.

　의사들이 6번 중 1번을 오진한다는 사실을 알고 있어?✣ 병원에서 사망하는 환자 12명 중 1명은 오진 때문에 죽음에 이른다는 연구도 있지. 진단만 정확했다면 그중 절반은 살릴 수 있다고 해. 미국에서만 매년 10만 명 가까운 사람들이 오진으로 인해 사망하는 것으로 추정될 정도야. 존스홉킨스대학 연구팀이 지난 1986년부터 2010년까지 25년간 미국에서 발생한 35만 706건의 의료 사고 보상 내용을 분석해 봤어. 그 결과 전체 보상액의 35퍼센트인 388억 달러(약 45조 원)가 오진과 관련된 것으로 밝혀졌지.(오진은 아니지만 연구팀은 미국의 의사들이 수술 후 거즈나 스펀지 등을 환자 몸에 남겨 두는 실수가 일주일에 39건 발생한다고 밝혔어.) 이렇게 오진율이 높은데도 우리가 눈치채지 못하는 이유는 뭘까? 오진의 발생 시점과 병의 발견 시점 사이에 일정한 시차가 있다 보니까 오진을 정확히 파악하기 어렵기 때문이야.

자, 이제 자기 스스로 생각하지 않고 전문가에게 모든 것을 맡겨서는 안 되는 이유를 잘 알겠지? 전문가도 실수하는 사람이야. 우리가 스스로 생각하고 판단하는 능력을 길러야 하는 이유지. 전

❖ 경제 분야에서도 전문가들이 낭패를 보는 경우가 빈번하다. 뮤추얼펀드(투자자를 모집하고 모집된 투자 자산을 전문적인 운용 회사에 맡겨 그 운용 수익을 투자자에게 배당금의 형태로 되돌려 주는 투자 회사) 매니저의 70퍼센트가 시장 수익률보다 낮은 투자 실적을 낸다고 한다. 영국에서 조사한 바에 따르면, 경영 컨설턴트를 고용했던 회사들의 3분의 2는 컨설턴트에게 받은 충고가 쓸모가 없었다고 밝혔다. 좋게 표현해서 쓸모가 없다고 했을 뿐, 사실은 오히려 해를 끼쳤다고 여겼다. 독일에선 투자 전문가에게 받은 부적절한 상담 때문에 매년 장기 금융 투자의 80퍼센트가 조기에 중단된다고 한다. 투자 전문가의 말만 믿고 투자했다가 결국 손해만 보고 조기에 투자를 중단한 것이다.

문가 앞에서 생각을 멈추고 입을 다물면 안 돼. 의심스러운 게 있으면 적극적으로 묻고 파고들어야 해. 전문가를 만나기 전에 충분히 알아보고 스스로 생각해 본 후에, 전문가를 만나서 물을 게 있으면 과감히 묻고 반론을 제기해야 해.

가령 의사가 어떤 수술을 권한다고 해 봐. 우리는 대부분 당연히 그 수술이 필요하니까 권하겠지, 하며 받아들이겠지. 자기 목숨이 걸린 중대한 문제일 수도 있는데 말이야. 의사의 권위 앞에서 과연 이런 질문을 던질 수 있을까? 같은 수술을 몇 번이나 해 봤는지, 지금까지 수술을 하다 사고를 낸 적은 없는지 등등. 한국 사회에서 쉽지는 않은 일이지. 의사 면전에 대고 '당신, 정말 믿을 수 있는 의사야?'라고 묻는 거나 마찬가지니까. 현실에서 우리는 질문하지 못한 채 고분고분 의사의 말을 들을 뿐이야. 다시 강조하자면, 우리의 목숨이 걸린 중대한 문제인데도 말이지.

3 광장은 가장 훌륭한 교과서

청소년이 무슨 정치?

돈에 대한 개념이 완전히 정립되지 못한 아이들에게 만 원짜리 한 장과 십 원짜리 동전 열 개 중에 하나를 고르라고 하면 거의 대부분 동전 열 개를 가리키지. 돈의 가치가 아니라 눈에 보이는 개수에만 정신이 팔린 결과야. 그렇다면 어른들은 다를까? 십 원짜리 동전을 선택하는 어른이야 없겠지만, 다른 관점에서 보면 어른들도 아이들과 다를 바 없지. 가령 물가가 4퍼센트 오를 때 임금이 그대로인 상황과 물가가 10퍼센트 오를 때 임금이 4퍼센트 오르는 상황을 비교해 볼까. 합리적으로 따져 보면 임금을 동결한 전자가 임금을 인상한 후자보다 더 이득이야. 그런데 사람들은 임금을 올린 후자를 더 선호하지. 돈의 가치란 상대적인 것인데, 마치 돈이 절대적인 가치를 지닌 것처럼 생각하기 때문이야.

내가 하고 싶은 얘기는 어른들이 늘 멍청하다는 건 아니야. 모든 어른이 다 멍청하다는 것도 아니고. 다만 어른들도 드물지 않게 실수를 하고, 또 어리석은 판단을 내릴 수 있다는 거지. 앞에서 길게 설명한 전문가들의 한계도 모두 어른들의 한계인 거야. 물론 어른들이 그렇다고 해서 상대적으로 청소년들이 더 똑똑해지는 건 아니겠지. 다만 어른들과 비교해서 너희의 능력이나 가능성을 스스로 너무 제한하지 말았으면 좋겠어. 너희가 가진 부족함은 어른들에게도 있는 부족함이니까. 물론 어른들에 비해서 너희가 경험이 부족할 수 있어. 살아온 햇수가 다르니 어쩔 수 없겠지. 하지만 생각하는 능력은 어른들과 전혀 차이가 없어. 16세가 넘어가면 지적 능력은 어른 못지않아지거든.

특히 사회문제나 정치문제에 대해서 좀 더 적극적으로 자기 생각을 펼쳐야 해. 당연히 학교 내의 문제에 대해서도 적극적으로 자기 생각을 표현하고 행동해야지. 이렇게 얘기하면 '청소년이 무슨 정치냐?' 하고 생각하는 어른들이 있을 거야. 그런 어른들은 늘 이렇게 얘기하겠지. "학생이 공부나 할 것이지." 이 말은 청소년의 다양한 관심과 활동을 억누르는 말에 불과해. 당연히 사회문제에 대한 관심이나 관련된 활동이 학생 신분에 맞지 않다며 무시하겠지.

그런 어른들 얘기는 귀담아 들을 필요가 없어. 청소년이 무슨 정치라니? 아니, 청소년은 이 사회의 구성원 아니야? 청소년은 민주 사회의 시민 아니야? 청소년은 교복을 입은 시민이지. 민주 사회의 시민이 사회문제와 정치문제에 관심을 갖는 건 지극히 당연한 일이야. 어른들은 공부라는 울타리로 너희를 가두려 하지만, 그 울타리 너머의 세상에는 또 다른 공부가 있어. 촛불 집회 같은 데도 나가 보고, 사회 문제에 대해 인터넷 게시판 등에도 자기 생각을 올려 보고, 적극적으로 참여해야 해. 광장은 가장 훌륭한 교과서야.

'청소년이 무슨 정치냐'는 생각을 가진 어른들 때문에 우리나라에선 만 19세가 되어야 투표를 할 수 있지. 그러나 미국이나 영국, 중국 등에선 만 18세면 투표가 가능해. 또한 우리는 대통령은 만 40세, 국회의원은 만 25세 이상의 사람으로 제한하고 있어. 40대 이상이 되어야 한 나라를 통치할 수 있고, 25세 이상이 되어야 법을 만들 수 있다는 생각은 어디에서 나온 걸까? 이는 영국이나 독일, 프랑스 등에서 국회의원의 경우에 만 18세 이상이면 피선거권(선거에 나가 당선인이 될 수 있는 권리)이 주어지는 것과도 큰 차이가 있지.

교복 입은 시민

공자가 나이 40을 불혹이라 했다지. 불혹, 즉 유혹에 흔들리지 않는다는 거야. 세상일에 정신을 빼앗겨 갈팡질팡하거나 판단을 흐리는 일이 없게 된다는 뜻이지. 정말 그럴까? 40대가 되면 세상일에 정신을 뺏기지 않고 올바르게 판단할 수 있을까? 만약 그렇다면 국회의원도 40세 이상으로 제한해야지. 법을 만드는 일도 나라를 통치하는 일만큼 중요한 일이니까 말이야. 독일에선 안나 뤼어만이라는 여성이 만 15세에 녹색당에 가입해 정치 활동을 시작하고, 만 19세에 하원의원으로 선출되기도 했어. 독일에서는 14살이 되면 정당의 청년회에 가입할 수 있고, 16살이 되면 정당의 당원이 될 수 있거든.

만 19세 선거권은 법리적으로도 맞지 않아. 왜냐고? 병역법에 따르면 만 18세 이상이면 군에 자원입대할 수 있거든. 18세 청년은 군대에서 국민의 의무는 다할 수 있지만, 국민의 가장 기본적인 권리인 선거는 못하는 거지. 34개 OECD 회원국 중에서 32개 국가가 투표 연령을 18세로 하고 있어. 예외는 우리와 일본뿐이었지. 그런데 일본조차 2015년 7월 참의원 선거부터 선거 연령을 20세에서 18세로 낮췄어. 이제 OECD 회원국 중에서는 한국만이 19세 선거권을 고수하고 있지.

전 세계로 눈을 돌려 볼까. 전 세계 232개 나라 가운데 선거 연령이 19세인 나라는 우리와 레바논, 쿠웨이트 등 17개국뿐이야.

무려 215개국이 18세 이하로 하고 있지. 심지어 16세인 나라도 있어. 쿠바, 브라질, 오스트리아 등 5개 국가가 그래. 최소한 교육감 선거만이라도 18세에게, 아니 조금 더 낮춰 16세에게 선거권을 줘야 하지 않을까? 다른 선거야 국민 정서상 다소 민감할 수 있다고 하더라도, 교육감 선거는 청소년의 삶과 직접적으로 연결되어 있잖아. 그러나 대부분의 어른들은 중고등학생의 교육감 선거권에 대해서 무관심하지. 청소년은 교육의 대상일 뿐 주체는 아니라는 걸까?

뤼어만의 사례에서 보듯이 독일과 비교하면, 확실히 우리 사회는 청소년을 불완전한 존재로 여기는 듯하지. 청소년은 불완전해서 만 18세에는 정치적 판단을 내리기에 미숙하다는 거겠지. 그렇게 미숙한 존재가 1년 사이에 성숙한 존재로 둔갑한다는 걸까? 그래서 만 19세에는 올바른 정치적 판단이 가능해진다는 걸까? 여기서 우리는 한 가지 질문을 던질 수 있을 거야. "나이가 많다고 꼭 정치적으로 바른 판단을 내릴까?"

정치적 성숙과 올바른 판단은 나이와 상관없이 건강한 시민 의식과 민주 의식을 가진 사람이 내릴 수 있는 거지. 그건 절대 변하지 않는 분명한 사실이야. 성숙한 정치적 판단은 물리적 나이가 아니라 정치적 의식과 안목에 달려 있지. 오히려 많은 나이는 정치 의식을 퇴보시키는 게 아닐까? 나이 지긋한 어르신들이 선거 때 정책도, 사람도 안 보고 줄곧 특정 정당에만 표를 주는 걸 보면 말이야.

이런 투표 성향만 놓고 보면 정치적 판단의 성숙과 미숙을 따지기에는 100살로도 부족할 것 같지 않아?

너희는 엄연히 교복을 입은 시민이야. 교복을 입었다고 해서 시민이라는 사실이 바뀌지는 않지. 시민이라면 당연히 공동체의 문제에 관심을 갖고 자유롭게 자기 의견을 표현할 수 있어야 해. 그리고 너희들의 미래를 너희 스스로 결정할 수 있어야지. 그런데 지금까지 너희는 학생이라는 이유만으로 그러한 권리를 제대로 누리지 못해 왔지. 학교 교육에서 학생을 시민으로 인정하고 시민의 권리에 대해서 적극적으로 가르쳐야 해. 선진국에서는 이미 그런 교육을 당연하게 여겨 시행하고 있지.

가령 영국에서는 시민 교육이 초등학교에서는 선택 교과로, 중등학교에서는 필수 교과로 채택되어 있어. 영국의 시민 교육 교과는 사회적 책임성, 공동체 참여, 정치적 문해력 등 크게 3가지를 필수적으로 포함하고 있지. 특히 정치적 문해력political literacy을 가장 중요하게 여기고 있어. 정치 문해력은 말 그대로 정치문제에 대한 이해력을 뜻하지. 이는 단순히 정치적인 지식을 아는 것뿐 아니라 정치 지식을 바탕으로 하여 책임감을 갖고 정치, 사회 문제에 적극적으로 참여하는 능력을 포함해. 따라서 영국의 시민 교육은 무엇보다 정치 문해 교육과 실제 정치 참여에 필요한 구체적인 지식, 기술, 관용, 존중 등과 같은 덕목들을 중요하게 다루고 있지.

10대가 바꾸는 세상

미국에서 흑인은 1863년에 해방되었지. 그러나 100년이 지난 1963년까지도 흑인은 진정한 자유를 누리지 못하고 있었어. 특히 보수적인 도시 버밍햄Birmingham은 인종차별 철폐를 부르짖는 사람들에 대한 잦은 폭탄 테러로 인해 '바밍햄Bombingham'❖으로 불릴 정도로 차별이 극심한 지역이었지. 1954년 미국 연방대법원이 '공공시설 흑백 분리'를 위헌으로 판결했음에도 불구하고, 버밍햄은 이 판결을 무시하고 식당, 극장, 학교, 병원, 급수대 등에서 흑백 분리를 강제하는 정책을 고수하고 있었어.

마틴 루터 킹 목사는 인종 분리 장벽을 무너뜨릴 계획으로 '프로젝트 C'를 계획했어. 인종에 따라 자리를 구분하는 식당에서 주문을 하고, 인종별로 구분된 탈의실이 있는 옷가게 앞에서 불매 운동을 벌였지. 폭력 시위는 아니었지만, 이는 버밍햄 법률상 불법 행위였어. 이러한 시위로 많은 사람들이 교도소를 가득 채울 정도로 체포되면 인종 분리 정책을 고수하는 시 행정이 마비될 거라고 생각했지. 그러나 시위는 계획대로 이뤄지지 못했어. 가족의 생계를 책임져야 하는 어른들의 시위 참여가 저조했던 탓이었지.

그래서 시위 방법을 바꾸게 되었어. 바로 학생들이 감옥에 가는 거였지. "학생들이 감옥에 간다면 그 아버지가 감옥에 가는 것

❖   '버밍햄'의 '범(Birm)'을 폭탄을 뜻하는 '밤(Bomb)'으로 철자를 바꾼 말이다.

과 같다. 그러나 경제적인 위협을 받지는 않고 효과는 같다." 어린 학생들이 속속 모여들었고, 경찰은 비폭력 시위에 체포로 맞섰어. 결국 시위 첫날만 500명 이상의 청소년들이 체포되었지. 그리고 며칠을 사이에 두고 무려 2500명의 청소년들이 체포되기에 이르렀어. 감옥은 더는 사람이 들어갈 수 없을 정도로 가득 찼지. 이 사건은 미국 전역에 알려졌고, 결국 버밍햄 시의 인종 분리 정책은 폐기되었어. 10대들의 감옥 시위는 이후 미국의 186개 도시에서 최소 758건의 비폭력 시위를 불러왔고, 261개 도시에서 인종 분리를 금지하는 결과를 가져왔지.

말랄라 유사프자이

2014년 노벨평화상은 말랄라 유사프자이라는 17살 소녀에게 주어졌어. 노벨평화상 역사상 최연소 수상자였지. 말랄라 유사프자이는 파키스탄의 인권 운동가야. 그녀는 2009년 11살의 나이로 자신이 살던 파키스탄 북부 스와트 벨리 지역에서 탈레반(무장 이슬람 단체)이 여성의 교육을 탄압하고 있다는 사실을 영국 BBC 방송 홈페이지를 통해 전 세계에 알렸어. 이후 탈레반의 위협이 계속됐는데도, 굴하지 않고 여성의 교육권을 주장했지.

그러다 2012년 10월 그녀가 탄 스쿨버스에 복면을 쓴 사내가 올라타 그녀의 머리와 목 두 군데에 총을 쏘고 달아났어. 그녀는 두 개골이 관통되는 총살을 입고 현지에서 응급 수술을 받고 나서 영

말랄라 유사프자이

국 버밍엄 엘리자베스 병원으로 후송돼 치료를 받았어. 이후 그녀
는 여성 인권과 어린이 교육을 위한 사회 운동을 벌이고 있지. 그녀
는 "책과 펜은 가장 강력한 무기"라며 모두가 손에 그 무기들을 들
어야 한다고 독려하고 있어. 말랄라 유사프자이는 성숙한 정치적
판단이 결코 나이의 문제가 아니라는 사실을 분명하게 보여 주지.

　말랄라 유사프자이보다 더 어린 사례도 있어. 파키스탄의 이
크발 마시흐는 4살 때부터 아버지의 빚을 대신해 하루 12시간 이
상씩 카펫을 짜야 했지. 카펫 공장에 갇힌 채 노예처럼 일했어. 공
장의 환경은 더러웠고, 늘 배고픔에 시달려야 했지. 그러다 어느 날

'노예 노동 해방 전선' 집회에 참석했고, 그곳에서 빚으로 인한 노예 노동이 불법이라는 사실을 알게 됐어. 그리고 공장 주인과 싸워 자유의 몸이 됐지. 여기까지만 해도 대단한 일이었어. 10살도 안 된 어린이가 공장주에 맞서 자기의 권리를 되찾은 거니까.

그런데 더 대단한 일이 벌어지지. 이후 이크발 마시흐는 파키스탄 전역을 돌며 어린이 노예 해방에 대해서 가르치고 어린이를 노예로 부리는 이들을 고발해 300여 명의 어린이들이 자유를 찾을 수 있도록 도왔어. 그때 이크발 마시흐의 나이가 9살이었지. 이크발의 이름 앞에 '꼬마 스파르타쿠스'라는 수식어가 붙는 이유야. 스파르타쿠스는 로마 시대에 노예 항쟁을 이끌었던 노예 검투사야. 이크발은 이런 말을 했지. "어린이들은 손에 연장이 아니라 연필을 들어야 한다." 하지만 안타깝게도 이크발은 12살의 나이에 파키스탄 라호르에서 괴한의 총에 맞아 숨졌어. 이크발은 스웨덴 적십자 등 8개 단체가 모여 만든 인권단체 '어린이세상'이 제정한 '세계 어린이상'의 첫 수상자로 선정됐어. 이 상은 '어린이 노벨상'으로 불리지.

한 가지 이야기를 더 들려줄게. 캐나다에 사는 크레이그 킬버거는 어느 날 신문에서 이크발의 사연을 읽게 되지. 동갑내기 소년의 충격적인 죽음을 접한 킬버거는 친구들에게 이크발의 이야기를 알리고 '어린이에게 자유를Free the Children'이라는 단체를 만들었어. 현재 회원수가 1만 명이 넘는 이 단체는 지금까지 전 세계 35개국에 400개가 넘는 학교를 세웠지. 이 공로로 킬버거는 최연소로 노벨평화상 후보에 3차례나 올랐어. 킬버거는 어린이 친구들에게 이렇게 말했지. "어른들은 다른 세계 아이들이 노예로 팔려 가는 것에는 놀라지 않고, 어린아이들이 단체를 만들고 목소리를 높인다는 것에 더 놀라워해. 뭔가 뒤바뀐 것 같지 않니?"

4 학교 안에서부터

학생 인권 존중이 교권 침해?

주로 선거권과 관련된 정치적인 얘기를 했지만, 사실은 학교와 교육 현장에서부터 너희의 목소리를 높여야 해. 바로 너희 자신의 문제에서 시작하는 거야. 대표적으로 학생인권조례 같은 걸 들 수 있겠지. 이미 시행되고 있는 서울이나 경기, 광주, 전북 지역에 사는 학생이라면 학교에서 학생인권조례◆가 잘 지켜지고 있는지 감시하고 비판할 수 있을 거야. 아직 시행되고 있지 못한 다른 지역이라면 학생들이 연대해서 학생인권조례를 제정하도록 목소리를 높일 수 있겠지.

민주주의의 역사는 기본권 확대의 역사로 볼 수 있어. 그 기본권에 참정권과 자유권이 들어가지. 우리가 학교에서 어른들과 똑같은 자유를 동등하게 누리고 있는지 돌아보면 왜 학생인권조례가 필요한지 이해할 수 있을 거야. 학생이라는 이유로 교복을 입어야 하고, 머리를 짧게 잘라야 하는 이유는 없어. 어쩌면 너희들 중에는 교복을 입는 걸 당연하게 생각하는 사람도 있을 거야. 그러나 사실은 전혀 당연한 게 아니지. 교복까지는 나라에 따라 다를 수 있겠지만, 학생의 머리를 규제하는 선진국은 없어.

학생인권조례가 제정되면서 일부 교사들은 교권敎權을 내세우며 체벌 금지에 반발하고 있지. 교권은 교사의 권리를 뜻하는데, 일부 교사들은 체벌 금지 조례가 제정되면 교사의 권위가 땅에 떨어진다고 반발하는 거야. 그들은 교권을 지키기 위해서라도 체벌이 허용돼야 한다는 입장이지. 또, 문화적 특성과 전통 등을 고려하더라도 체벌이 필요하다고 주장하기도 해. 예로부터 스승과 부모의 체벌이 '사랑의 매'로 미화되어 왔으니까.❖❖

폭력도 전통이라 할 수 있을까? 도대체 어느 민주주의 사회에서 사람을 때리는 행위를 누군가의 권리라고 주장할 수 있을까? 어떤 경우에도 사람을 때리는 일이 누군가의 권리가 될 순 없지. 그

❖ 학생인권조례는 학교에서 학생의 인권이 보장될 수 있도록 각 시·도 교육청에서 제정해 시행하는 조례다. 교육청에서 학생인권조례를 제정하면, 각 학교장은 그에 따라 시행해야 한다. 전국 16개 시·도 교육청 가운데 경기도가 가장 먼저 학생인권조례를 제정했다(2010년 10월 5일). 이후 광주광역시(2011년 10월 5일), 서울특별시(2012년 1월 26일), 전라북도(2013년 7월 12일) 등이 차례로 학생인권조례를 제정했다. 각 지역별로 학생인권조례의 내용이 미세하게 차이가 나지만, 공통적으로 체벌을 금지하고 복장·두발 등을 자유화하며 표현과 자치의 권리를 인정하고 있다.

건 노예제 사회에나 어울릴 법한 일이야. 노예는 마소처럼 다뤄졌고, 노예의 생사여탈권은 전적으로 주인에게 주어졌으니까. 학생과 교사의 관계가 노예와 주인의 관계와 같을 순 없겠지. 매, 즉 폭력을 통해 권위를 세우려는 것은 참된 스승의 모습이 아니라 주인의 모습이야.

게다가 교권 침해의 상당수는 학생에 의해서 벌어지지 않지. 한국교원단체총연합회(이곳은 교사의 권위를 강조하는 보수적인 교원 단체야)가 발표한 〈2014년 교권 회복 및 교직 상담 결과〉에 따르면, 교권 침해 상담 사례 중 52.9퍼센트가 학부모와의 갈등이었어. 그다음은 법원이나 경찰 등의 처분권자에 의한 침해가 18.5퍼센트, 교직원에 의한 침해가 15.7퍼센트였지. 학생에 의한 침해는 고작 9.3퍼센트에 불과했어. 학생은 교권 침해의 주범이 아니야. 여기서도 '학생 인권'

❖❖ 매와 폭력은 다르다고 생각하는 선생님들과 부모님들이 있다. 학생이 잘되라고 때리는 매와 폭력은 근본적으로 다르다는 입장이다. 그러나 매도 분명 폭력이다. 폭력은 '남을 제압할 때에 쓰는, 주먹이나 몽둥이 등의 힘'이다. 폭력의 핵심은 타인을 억누르기 위해 신체나 도구를 이용한다는 점이다. 매도 이와 다르지 않다. 아이를 특정한 방식, 즉 선생님과 부모님이 바르다고 여기는 태도나 행동으로 교정하기 위해 손발이나 도구를 이용하기 때문이다.
폭력과 폭력 아닌 것을 가르는 데 있어 중요한 것은 동기나 목적이 아니다. 폭력의 정의('타인을 억누르기 위해 신체나 도구를 이용한다')에서 알 수 있듯이, 폭력이냐 아니냐를 결정하는 것은 수단과 방법이다. 아무리 동기가 선해도, 무력이라는 수단을 빌린다면 그것은 폭력이다. 그런 의미에서 매도 폭력인 셈이다. 다만 어떤 매는 선한 동기에서 비롯된, 그나마 덜 나쁜 폭력일 순 있다. 하지만 덜 나쁘다고 나쁘지 않은 건 아니다.

이 중요한 이유를 다시금 확인할 수 있지.

교권 침해의 절반이 학부모와의 갈등이야. 아무 이유도 없이 교권을 침해할 학부모는 없겠지. 학부모와의 갈등은 여러 원인에서 발생하겠지만, 기본적으로 자기 자식이 부당한 대우를 받거나 권리를 침해당했다고 생각하면서 발생할 거야. 그렇다면 학생이 받은 부당한 대우나 권리 침해란 게 뭘까? 이것도 학생 인격 무시, 다른 학생과의 비교, 체벌에 따른 고통 등 여러 측면에서 발생하겠지만, 뭉뚱그려서 얘기하면 '학생 인권 침해'라고 할 수 있겠지. 자, 그렇다면 교사가 학생의 인권을 보장해서 교사와 학생 간 문제가 덜 발생한다면, 그로 인해 벌어지는 학부모의 교권 침해도 줄어들지 않을까? 결국 교권 침해를 막기 위해서라도 학생 인권을 보장할 필요가 있지.

규칙과 순종, 교육의 속살

교사를 놀리거나 교사에게 반항하는 학생들도 일부 있어. 선생님들은 그 '버르장머리 없는 것'들을 어떻게든 통제하려고 하지. 그러지 않으면 자신들의 권위가 땅에 떨어질 테니까 말이야. 그런데 학생인권조례 때문에 그런 아이들을 통제할 마땅한 수단이 없어지게 됐다고 생각하지. 그러나 잘 생각해 보면, 그런 학생들은 매를 들어도 엇나가게 돼 있어. 어른들을 아예 안 무서워하는데, 매를 든다고 무서워할까? 오히려 반항심만 더 키울 수 있겠지. 쉽진 않겠지만, 그런 학생들을 지도하려면 체벌 말고 다른 방법을 찾아야 해.

선생님들의 애로사항은 이해할 수 있지만, 그렇다고 폭력이 용인될 순 없겠지. 학생이 깡패 같다고 해서 교사마저 깡패가 될 수는 없으니까. 그런 아이들이 일부 있다고 해서 학생과 교사 사이의 비대칭적인 권력 관계가 바뀌는 건 아니야. 학교에서 권력은 학교(교사)에 있지 학생에게 있는 건 아니잖아. 깡패 같은 학생들이 몇 명 있다고 해서, 학생과 교사 사이의 비대칭적 권력 관계가 역전될 순 없을 거야. 그런 현실에서 교사가 학생 인권을 침해하는 체벌의 권리를 요구하는 것은 온당하지 않겠지.(조국《보노보 찬가》참고)

교사가 학생의 권리를 존중할 때, 학생도 교사의 권위를 존중할 수 있어. 누구나 자기가 타인에게 존중받을 때 자기도 타인을 존중하는 법이니까. 따라서 학생의 권리와 교권은 서로 충돌하는 개념이 아니야. 교사가 학생을 존중하고 학생에게 진짜 배운다는 느낌을 준다면, 학생은 언제든 교사를 진심으로 존중할 수 있어. 교사의 권위는 그렇게 세워져야지. 누군가 나의 권리를 존중하면 나도 상대방의 권리를 존중하게 되지. 내 권리를 인정하고 존중하는 상대에게 무례와 불손을 보일 사람이 얼마나 될까? 거의 없지. 학생의 자기 권리에 대한 인식은 상대방, 즉 교사의 권리를 소중하게 여기는 출발점이 될 수 있어. 교육학자 토드 휘태커는《훌륭한 교사는 무엇이 다른가》에서 이렇게 말했어.

훌륭한 교사는 '희망'에 초점을 맞춘다. 평범한 교사는 '규칙'에 매달린다. 무능한 교사는 규칙을 어길 때 어떤 '벌칙'을 줄지에만 신경을 쓴다.

여기서 희망에 초점을 맞추는 교사는 학생을 존중하는 교사로 이해할 수 있겠지. 훌륭한 선생님은 학생이 잘할 거라는 희망을 품는 선생님이야. 그래서 학생을 다그치지 않고 기다릴 줄 알지. 반면에 훌륭하지 못한 교사는 규칙과 벌칙을 앞세우기 십상이야. 그런 교사는 끊임없이 '교칙을 잘 따르라'라고 강조하지. 교칙이 그만큼 가치가 있어서가 아니라 말 잘 듣는 인간을 길러 내는 것이 학교 교육의 주목적이기 때문이야. 그런 분위기에서 학생들은 눈치만 보게 되지. 즉 타율적인 사람이 되는 거야. 타율성은 자신의 의지와 관계없이 다른 사람의 의지나 정해진 규칙에 따라 움직이는 성질이지.

체계적으로 타율성을 기르는 대표적인 곳이 바로 군대일 거야. 군대에서는 무조건 명령에 복종하도록 훈련시키지. 생각은 지휘관이 하고, 군인은 명령만 따르면 돼. 한국의 학교 모습도 군대와 별반 다르지 않지. 일본인들이 이 땅에 학교를 세울 때 그들의 목적에 가장 적합한 군사 학교의 형태(건물 배치부터 교육 내용까지)로 학교를 세웠기 때문이야. 건물 형태만 하더라도, 군사 학교에 가깝게 세워진 학교가 지금까지 남아 있거나 새로 지은 학교도 기존의 학교와 비슷하게 짓다 보니까 그런 형태를 하고 있지. 가령 경비실-운동장-구령대-본관으로 이어진 학교 배치는 위병소-연병장-사열대-본관으로 이어진 부대 배치를 그대로 가져온 결과지. 결국 교칙을 강조하는 학교는 군대와 비슷해.

일찍이 교육자 페스탈로치는 주입식 교육과 암기 학습이 권위에 순종적인 시민을 양성한다고 지적했어. 순종적 시민은 권위에 질문을 던지지 못하지. 학교에서 "머리를 짧게 잘라라!"라고 지시하면 그저 순순히 따를 뿐이지. "왜 정해진 대로 머리를 잘라야 하지?"라고 질문하지 못하는 거야. 지시에 일방적으로 복종하는 타율적인 인간은 어떤 인간일까? 그것은 아무것도 책임지지 않는 인간이야. 자기는 그저 시키는 대로만 했을 뿐이니까. 자기 결정과 행동에 대해 스스로 생각해 보지 않은 사람은 그 결과에 대해서도 책임지려 하지 않겠지.

5 위험한 생각이 세상을 바꾼다

우리는 보호의 울타리를 벗어나 자기 삶의 주인으로 당당히 서야 해. 그러려면 우선 청소년의 투표권을 쟁취해야겠지. 그것이 한 사람의 시민으로서 우뚝 서기 위한 기본 조건이자 최선의 조건이야. 독일에서는 16살부터 지방 선거에 참여할 수 있어. 그러다 보니 지방선거 시간에 후보들이 선거 유세를 하러 학교를 방문하지.(박성숙《독일 교육 두 번째 이야기》참고) 이런 사회에선 세월호 참사 때처럼 학생들을 무책임하게 내팽개칠 수 없겠지.(세월호에 대해선 다음 장에서 자세히 살펴볼 거야.) 그렇게 했다간 아마도 학생들이 표를 가지고 심판할 테니까 말이야.

이제 참정권과 학생인권조례가 왜 필요한지 알겠지? 다른 누구도 아닌 바로 너희 자신을 위해서 필요한 거야. 학생 인권과 참정권은 별개의 문제가 결코 아니지. 학생 인권을 제대로 보장받기 위해서라도 참정권이 꼭 필요해. 학교 현장이나 사회에서 자신의 인권이 제대로 보장되지 않을 땐, 참정권을 가진 시민으로서 자신의 정치적 의사를 표현하면 되니까. 참정권을 인정받는다는 것은 동등한 사회 구성원으로서 인정받는다는 의미야. 말 그대로 학생이 교사, 교육감, 정치인과 동등해지는 셈이지. 이제 한국 사회는 청소년을 시민으로, 즉 아이가 아니라 동등한 사회 구성원으로 인정해야 해.

민주주의의 역사는 기본권, 특히 참정권 확대의 역사라는 사실을 기억하자. 오래전에 여성에겐 투표권이 없었어. 1789년 프랑스 대혁명 이후 누구에게 투표권이 주어졌을까? 모두에게? 아니, 재산과 성별을 기준으로 투표권이 주어졌어. 그래서 귀족과 부르주아지Bourgeoisie, 즉 자본가에게만 투표권이 주어졌지. 물론 오직 남성에 한해서만 그랬어. 20세기 초반이 돼서야 재산과 무관하게 노동자를 비롯해 농민과 빈민에게도 투표권이 주어졌지. 물론 그때도 여성에겐 투표권이 없었어. 그런데 아주 소수의 여성들이 '위험한 생각'을 했어. 여성에게도 남성과 같은 투표권이 주어져야 한다는 생각이었지.

"여성은 권리에 있어 자유롭고 남성과 평등하게 태어나고 존재한다."(제1조) 1789년 올랭프 드 구즈는 프랑스 인권 선언이 남성 man 인간Man의 권리만을 인정하고 있다고 비판하면서 '여성 권리 선언'을 발표했지. 여성 인권 선언을 주도한 올랭프 드 구즈는 단두대에서 처형되기 직전에 이렇게 말했어. "여성이 단두대에 오를 권리가 있다면, 의회 단상에도 오를 권리도 있다." 한마디로 여성도 정치를 할 권리가 있다는 거였지. 올랭프 드 구즈가 단두대의 이슬로 사라진 1793년으로부터 150여 년이 흐른 1944년에야 비로소 프랑스 여성들은 남성과 동등한 선거권을 얻게 되었지.❖

가만히 있으면 아무것도 변하지 않아. "시키면 시키는 대로 못 하고 주면 주는 대로 못 받는, 세상의 걸림돌 같은 인간들"(최규석 웹툰 〈송곳〉)이 세상을 변화시키는 거야. 왜? 우리는 노예가 아니니까. 그냥 우리를 고용한 사람이 시키는 대로만 일하고, 학교가 시키는 대로만 공부하는 인간은 노예나 로봇에 가깝겠지. 1800년대 유럽에서는 노동자 두 명이 술집에 모이는 것조차 불법이던 때가 있었어. '단결 금지법'이라고 해서 아예 노동자들이 모임을 갖는 것조차 허용하지 않았지. 노동조합이 최초로 등장한 곳은 근대 자본주의 경제가 가장 먼저 발전한 영국이야. 그러나 영국에서도 노동조합이 합법적으로 인정되기 시작한 것은 1824년 무렵부터지.

결정적으로 1886년의 시카고 노동자들의 궐기는 전 세계 노동자들의 저항으로 번져 나갔어. 1886년 미국 시카고의 노동자들이 하루 8시간 노동을 얻기 위해 시위를 벌였지. 시위 과정에서 시카고 노동자들이 경찰의 총탄에 쓰러졌어. 오늘날 우리가 당연하게 생각하는 하루 8시간 근무는 그렇게 얻어진 거야(1시간의 휴식 시간을 포함해서 9시간). 시카고 노동자들의 투쟁을 기념하는 날이 바로 5월 1일 노동절이지. 그러니까 우리가 하루 8시간 일하기까지는 그 노동자

❖ 1919년 전까지 미국에선 여성의 참정권이 인정되지 않았다. 당시 여성의 참정권을 주장하는 목소리는 소수에 불과했다. 비록 소수였지만 참정권을 얻기 위해 수십 년 동안 끈질기게 투쟁을 벌였다. 그러나 기존의 선거 제도는 꿈쩍도 하지 않았다. 그러던 어느 날 수전 B. 앤서니가 유권자 등록을 하고 투표함에 표를 던졌다. 1872년 11월 5일의 일이다. 결국 수전은 체포되어 감옥에 갇히고 벌금형을 선고받았다. 그 후로 47년이 지난 1919년이 되어서야 미국의 여성들은 선거권을 획득할 수 있었다.

유럽의 상황도 이와 별반 다르지 않았다. 유럽에서도 여성의 참정권이 보장되기 시작한 역사는 그리 오래되지 않았다. 1913년 노르웨이에서 최초로 여성 참정권이 채택됐다. 이후 1915년 덴마크와 아이슬란드, 1917년 네덜란드와 소련, 1918년 스웨덴과 폴란드, 오스트리아, 체코슬로바키아, 1919년 독일과 룩셈부르크에서 여성의 참정권이 보장되었다. 고작 100년 정도의 역사밖에 안 된 것이다. 그동안 수많은 여성들이 싸우고 목소리를 높인 결과였다. 민주주의의 본산인 영국과 프랑스에서는 더 늦었다. 영국은 1928년에야, 프랑스는 더 늦게 1944년에야 도입되었다. 심지어 더 늦은 나라들도 있다. 스위스는 1971년, 쿠웨이트는 2006년, 사우디아라비아는 2011년에야 여성의 투표권이 주어졌다.

들이 흘린 피가 얼마간 담겨 있는 거야. 지금의 우리 눈에는 보이지 않지만. 14시간씩 일하는 게 당연한 세상에서, 하루 8시간 근무는 '위험한 생각'이었어.

어떤 권리든지 그 권리의 보장 수준이 높아지려면 권리의 주체가 '권리를 위한 투쟁'(루돌프 폰 예링)에 나서야 해. 청소년의 권리 역시 마찬가지야. 스스로 문제의식을 가지고 요구할 때 보장되고 신장될 수 있지. 물론 쉬운 일은 절대 아니야. 권리를 위한 싸움은 당연히 귀찮은 일들을 만들 테고, 또 불이익을 줄 수도 있으니까. 하지만 그것이 바로 우리를 노예처럼 부리는 이들이 원하는 바지. 귀찮고 불이익이 두려워 가만히 있는 것. 우리가 진짜 싸워야 할 대상은 자기 안의 귀찮음과 두려움일지도 몰라. 이런 상황에서 '위험한 생각'은 우리가 주눅 들지 않고 당당하게 살도록 도와줄 거야.

'위험한 생각'은 누군가의 권리나 자유를 인정하지 않는 세상 자체를 의문시하는 생각이야. 청소년들도 자기 삶의 주인이 되려면 '위험한 생각'을 가져야 해. '위험한 생각'은 나를 바꾸고, 더 나아가 세상을 바꾸지. 때로는 실제 위험한 상황에서 적극적으로 행동하도록 만들기도 하고. 위험한 상황은 크게 두 가지로 정리할 수 있을 거야. 하나가 재해나 사고로 인한 일반적 위기 상황(5장)이라면, 다른 하나는 위법하거나 부당한 명령과 지시에 의해 발생하는 위험 상황(6장)이야. 이런 상황에서 자기 생각과 행동의 주인인 사람만이 적극적으로 행동할 수 있겠지. 이제부터 이런 위기 상황에

서 우리가 어떻게 행동하고 대처해야 하는지 구체적으로 살펴보도
록 할게.

5장

위기 상황에서 무조건
지시를 따라야 할까?

1 사람들은 왜 방관자가 될까?

살인 사건에 침묵한 38명

1964년 3월 13일 금요일. 그러니까 13일의 금요일이었지. 새벽 3시, 뉴욕 시의 한 골목에서 한 여성이 흉기에 찔려 살해당하는 사건이 발생했어. 후에 윈스턴 모즐리로 신원이 밝혀진 남자가 그녀의 등에 칼을 꽂았지. 그녀는 "어떤 남자가 칼로 저를 찌르고 있어요. 도와주세요. 도와주세요"라고 소리쳤어. 그러자 근처 주택가에 하나둘 불이 켜지고, 누군가 소리쳤지. "그 여자를 내버려 둬." 그러자 범인은 부리나케 도망쳤어. 칼에 찔린 여성은 피를 흘리며 거리를 헤매다 어느 서점 문 앞에 쓰러졌어.

아파트의 불빛이 다시 꺼지고, 거리는 이내 조용해졌지. 자신의 자동차로 돌아갔던 범인은 불이 꺼진 것을 확인하고 다시 돌아왔어. 아까 그 자리에 여성이 없다는 걸 확인하고서는 거리를 뒤지고 다녔지. 그리고 마침내 피투성이가 된 그녀를 발견하고 다시 칼을 휘두르기 시작했어. 그녀는 또다시 소리를 질렀지. 그러자 다시 아파트 창문에 불이 켜졌어. 범인은 또 한 번 도망갔지.

하지만 몇 분 뒤 범인이 다시 돌아와 그녀의 숨통을 완전히 끊어 놓았어. 피해 여성이 살해되기까지 35분의 시간이 걸렸지. 그동안 아파트 불은 켜지고 꺼지기를 반복했어. 적어도 38명의 목격자가 있었던 걸로 경찰 조사 결과 밝혀졌지. 그런데 아무도 피해 여성

을 돕지 않았고 경찰에 신고 전화조차 하지 않았어.❖

　이 사건이 뉴스로 보도되자 미국 사회는 발칵 뒤집혔지. 사건을 접한 미국인들은 두 번 놀랐어. 이미 벌어진 끔찍한 살인 사건에 한 번 놀랐고(너무 끔찍해서 일일이 설명하진 않았지만, 범인은 아주 엽기적으로 그녀를 살해했거든), 아무도 돕거나 신고하지 않았다는 사실에 또 한 번 놀랐지. 신문과 방송은 연일 목격자들의 방관에 대해 도덕의 붕괴니 인간 소외니 떠들어 댔어. 비정한 도시 생활이 부른 인간 소외, 비인간화의 참극이라는 거였지.

사람들이 많을수록 책임감은 줄어든다

38명의 목격자들은 왜 그녀를 돕지 않았을까? 이 문제의 답을 찾기 위해 가상의 위기 상황을 한번 가정해 볼까. 한 여성이 갑자기 심장 마비로 쓰러졌다고 해 봐. 다음 두 가지 상황 가운데 어느 쪽이 그녀의 생존에 더 유리할까?

　1. 그녀는 야근하느라 늦은 시간까지 사무실에 남아 있다. 대부분의
　　 직원이 퇴근하고 동료 직원 한 사람만 옆방에 남은 상태. 그런데

❖　이 같은 심리 현상을 '제노비스 신드롬'이라고 부른다. 당시 희생되었던 여성인 캐서린 제노비스의 이름에서 따왔다. '제노비스 신드롬'은 목격자가 많을수록 책임감이 줄어들어 방관하게 되는 심리와 관련된다. 즉 주변에 있는 다른 사람들을 보면서 '저 사람들이 돕겠지'라고 생각해 버리는 심리이다.

동료 직원은 현재 임신 중이어서 행동이 민첩하지 못하고 게다가 응급 처치법도 전혀 모른다.

2. 그녀는 지하철을 타고 퇴근 중이다. 열차 안에는 승객이 30명 정도 있는 상황. 그들은 대부분 휴대 전화를 가지고 있다.

어느 쪽이 더 유리할 것 같아? 아마 두 번째 상황이라고 생각할 거야. 도와줄 사람이 훨씬 더 많으니까 말이지. 누군가 어려움에 처했을 때 도와줄 사람이 단 한 사람이라면 왠지 불안하잖아. 주위에 사람이 많으면 적어도 한 사람은 도와줄 거라는 생각이 들지. 보통 그렇게 생각할 거야. 그러나 현실은 다르지. 여러 사람이 있으면 한 사람이 있을 때보다 오히려 책임감이 감소해.

컬럼비아대학의 존 달리와 뉴욕대학의 밥 라타네는 이와 관련해서 중요한 실험을 했어. 그들은 사람들이 돕지 않는 이유가 인간성 때문이 아니라 외적 상황 때문일 수 있다고 여겼지. 실험은 그런 가설에 따라 이뤄졌어. 그들은 대학 새내기들을 대상으로 대학 생활에 적응하는 데 따르는 어려움을 토론할 거라고 설명했어. 실험이 익명으로 진행된다는 이유를 내세워 학생들을 독방에 한 명씩 들어가도록 했지. 그리고 인터폰을 통해서 대화하도록 했어. 따라서 실험 참가자들은 서로의 말은 들을 수 있었지만 얼굴은 볼 수 없었지.

대화 도중 한 학생이 간질 발작을 일으키며 도움을 청하도록 사전에 계획했지. 그 학생은 토론 중간에 간질병이 있다고 밝혔어. 그리고 조금 있다가 발작을 일으키는 척 연기했지. 실험은 2인조, 3인조, 6인조로 나누어 진행됐어. 발작이 일어나면 외부에서는 전혀 알 수 없기 때문에 참가자들이 방에서 뛰어나와 실험자에게 알릴 수밖에 없지. 실험 결과는 어땠을까? 발작이 종료될 때까지(발작이 시작되고 대략 6분) 실험자에게 보고한 학생의 비율은 실험 참가자가 늘어날수록 줄어들었지. 실험 참가자가 1명밖에 없을 때에는 85퍼센트의 학생이 실험자에게 즉각 그 사실을 알렸어.

그러나 실험 참가자가 2명일 때는 62퍼센트, 3명일 때는 31퍼센트만이 실험자에게 보고했지. 6분이라는 시간 동안 생각하고 행동할 기회가 충분히 있었을 텐데 말이야. 각 학생들은 자기가 굳이 나서지 않더라도 다른 사람이 알아서 외부에 알릴 거라고 생각했던 거지. 규모가 작은 집단일수록 반응 시간도 더 빨랐어. 실험자가 1명밖에 없을 때 도움을 청한 85퍼센트의 학생들은 3분 안에 신속하게 조치를 취했지. 이 3분이 중요해. 3분 안에 돕지 않으면 그 이후에 도울 가능성은 거의 없다고 봐야지.

6세, 9세, 11세 아동들을 대상으로 비슷한 실험을 해 봤는데, 결과는 비슷했어. 옆방에서 다른 아이의 비명소리가 들리자 어린이들도 어른들과 마찬가지로 여러 명이 있을 때는 적극적으로 나서지 않았지. 집단으로 있을 때보다 혼자 있을 때 더 적극적으로 행동했어. 이 실험 결과에서 우리는 사람들이 끔찍한 사고를 목격하고도 남을 돕지 않는 것이 도시화로 인해 냉담해지고 비인간적으로 변해서 그런 게 아님을 알 수 있지. 진실은 목격자가 많을수록 개인의 책임감이 분산돼 남을 돕는 행동을 적극적으로 하지 못한다는 거야. 목격자가 많으면 내가 나서지 않아도 남들이 도와주겠지 하며 방관자가 되는 거지. 그래서 이를 '방관자 효과'라고 불러.

가령 전철 안에서 어떤 여성이 치한에게 괴롭힘을 당하는 모습을 목격했다고 해 볼까. 그럴 때 사람들은 어떻게 행동할까? 우선, 자기가 즉시 나설 만큼 상황이 위급한지 살피겠지. 그런데 주변 사람들이 가만히 있는 걸 보면서 도움이 꼭 필요한 상황인지 확신이 서지 않게 될 거야. 대다수 사람들이 소극적으로 반응하는 이유겠지. 그러면서 '정말 위급한 상황이라면 근처에 있는 누군가가 도와주지 않겠어?' 하면서 방관하는 자신을 재빨리 정당화하지. 치한이 덩치가 크거나 험상궂게 생긴 사람이라면 더욱 그럴 거야. 섣불리 나섰다가 봉변이라도 당하면 나만 손해라고 생각하면서 말이지.

방관자 효과에는 몇 가지 특징이 있어. 우선 남성이 여성보다 방관자 효과의 피해자가 되기 쉬워. 즉, 곤경에 처한 사람이 여자일 때 남자보다 도움을 받을 확률이 더 높지. 그리고, 사람들은 자기와 다른 인종보다 같은 인종의 사람을 더 기꺼이 도와주지. 반대로 피해자에게 불쾌한 특징이 있다고 생각하면 도와줄 확률이 줄어들어. 가령 노숙자, 매춘부, 주정뱅이, 약물 중독자, 커다란 흉터가 있는 사람 등은 그렇지 않은 사람보다 도움을 받기가 더 어렵지.

2 무조건 지시를 따라야 할까?

연기 실험

어떤 상황인지 몰라 불안할 때에는 주변 사람들의 반응을 살피고 그들로부터 정보를 얻어 오게 되어 있지. 이를 '정보 영향'이라고 불러. 판단에 필요한 정보가 부족하거나 같은 정보라도 달리 해석될 여지가 있으면 주위 사람들이 어떻게 행동하는지를 알기 위해 주변을 살피는 거야. 특히 위급한 상황은 발생 확률이 상대적으로 낮고 그에 대비해 따로 훈련을 받은 것도 아니기 때문에 더욱 그럴 수밖에 없겠지.

존 달리와 밥 라타네는 일명 '연기 실험'이란 이름의 실험도 진행했어. 한 방 안에 세 명의 대학생을 모아 두고 대학 생활에 관한 설문지를 작성하도록 했지. 몇 장의 설문지를 작성할 무렵부터 통풍구에서 하얀 연기가 간헐적으로 피어오르기 시작했어. 그러자 방 안에 혼자 있던 참가자들은 서둘러 방을 빠져나왔지. 그들은 제법 이성적으로 행동했어. 앉은 자리에서 일어나 통풍구 주위를 살피고 연기의 온도를 확인하고 냄새를 맡아 보았지. 그렇게 연기가 나는 이유를 이해하려고 노력했어. 이들 가운데 75퍼센트가 설문지를 작성하던 방에서 빠져나와 관리자에게 연기가 난다는 사실을 알렸지.

원래 달리와 라타네는 사람들이 결정을 내릴 때 타인이 어떻게 영향을 주는지 알아보기 위해 '연기 실험'을 진행했어. 그래서 연기자 두 명과 실제 참가자 한 명을 함께 방으로 들여보냈지. 물론 실제 참가자는 연기자의 정체를 전혀 모르는 상태였어. 연기가 피어오르자 연기자들은 통풍구를 쳐다본 후에 어깨를 한번 으쓱하고 다시 설문지를 작성했지. 연기자들은 일부러 종이로 부채질을 하며 참가자가 연기를 볼 수 있도록 유도했어. 그리고 참가자가 무슨 일이냐고 물어보면 "저도 모르겠어요"라고 대답했지.

실험에 참가한 사람들 10명 가운데 1명꼴로 연기가 난다고 관리자에게 보고했어. 그렇다면 나머지 9명은 어땠을까? 놀랍게도 9명은 기침을 하고 설문지를 읽기 위해 눈을 비비면서도 그 자리에 그대로 앉아 있었어. 심지어 방 안에 연기가 자욱해서 사물을 분간할 수 없을 때까지도 방에서 나오지 않았지. 몇 명은 일어나서 창문을 열려고 시도했지만 실제로 방을 떠나진 않았어.

정말 놀랍고도 무서운 결과야. 분명히 무언가 잘못된 상황이고 자신의 목숨이 위험할지도 모르는데, 참가자 대부분은 주위 사람들이 행동하지 않는 상황에 집단적으로 동조했던 거지. 주변 사람들이 대수롭지 않게 여기니까, 자기도 그에 동조해서 대수롭지 않게 행동했던 거야. 만약 실제 상황이었더라면 모두 질식사하거나 타 죽었을 수도 있겠지. 어떻게 그렇게 멍청할 수 있느냐고? 바보 같다고 생각할 수 있지만, 충분히 벌어질 수 있는 일이야. 실제로 비슷한 일이 우리나라에서도 일어났으니까.

적극적인 행동이 필요하다

2003년 대구에서 지하철 화재 참사가 벌어졌어. 사고로 무려 192명이 목숨을 잃었지. 가장 큰 잘못은 열차에 불을 지른 범인에게 있었어. 다음으로 기관사와 지하철 사령실의 잘못도 크지. 사령실에서 화재의 심각성을 제대로 파악하지 못해 엄청난 참사가 빚어졌거든. 기관사는 사령실의 지시로 운전실의 마스터키를 빼고 도망쳤지. 때문에 전동차문이 열리지 않아 승객 다수가 화를 입고 말았어. 이 사고에서 우리가 주목할 부분은 기관사의 안내 방송과 승객들의 반응이야. 기관사는 승객들을 대피시키지 않고 "전동차 안에서 대기하라"는 지시를 내리고, 무책임하게 열차를 버리고 혼자 도망갔지.

처음 불이 났던 1079호 전동차와 반대 방향으로 운행하던 1080호 전동차 기관사는 열차 안으로 연기가 들어오자 황급히 출입문을 닫았어. 이어 "잠시 후 출발할 것이니 기다려 달라"는 안내 방송을 했지. 하지만 옮겨 붙은 불로 전기가 끊기면서 차량이 움직이지 않았어. 그리고 앞서 언급한 것처럼 출입문마저 열리지 않는 최악의 상황이 이어졌지. 결국 탈출을 위한 적절한 타이밍을 놓친

110층의 세계무역센터 쌍둥이 빌딩이 외벽 일부만을 남긴 채 완전히 주저앉아 잿더미가 된 모습.

탓에 소중한 목숨을 잃고 말았지. 그때도 사람들은 잠자코 기다리고만 있었을 뿐, 누구 한 사람 적극적으로 나서지 않았어. 당시 한 생존자가 촬영한 열차 내부 사진을 보면, 시커먼 연기가 실내를 메우고 있는데도 승객들이 코와 입만 가린 채 가만히 앉아 있는 모습을 볼 수 있지.

2001년 9월 11일 뉴욕에서 테러범에게 납치된 첫 번째 여객기가 세계무역센터 한 동을 들이받기 직전이었어. 그 시각, 무역센터 건물 내부에선 동요하지 말고 사무실에 대기하라는 안내 방송이 울려 퍼졌지. 비상사태 대비 매뉴얼에 따라 나온 방송이었어. 위급 상황에서 지켜야 하는 매뉴얼이었지. 그래서 자기 본능에 따라 서둘러 계단을 뛰어 내려가던 사람들도 안내 방송의 지시에 따라 다시 사무실로 올라가기도 했어. 그런데 운명의 장난처럼, 사무실에 남아 있던 사람들은 단 한 명도 살아남지 못했지. 살아남은 사람은 먼저 건물을 빠져나온 이들이었어. 두 번째 여객기가 다른 한 동에 다시 부딪치고 두 건물이 모두 내려앉기까지 한 시간 정도의 여유가 있었지만, 건물에 머문 3000명에 달하는 사람들이 영문도 모른 채 죽음을 맞아야 했지.

실제로 비행기 안에서 무언가 타는 냄새가 나면 우리는 자동적으로 주위를 둘러보며 다른 사람들의 반응을 살피지. 그때 사람들이 가만히 있으면 '뭐 별일 아니겠지'라고 생각해. 하지만 그런 지레짐작이 치명적인 결과를 불러올 수도 있지. 다른 사람들이라고 상황을 더 잘 파악하라는 법은 어디에도 없으니까. "위험에 대한 경고는 언제나 실제로 닥쳐 오는 위험보다 많지만, 막상 위험이 닥칠 때는 어떤 경고도 없는 법"(편혜영 《재와 빨강》, 8쪽)이니까, 늘 조심할 필요가 있지.

우리 사회에는 이와 같은 끔찍한 대형사고가 끊이지 않고 일어났다. 292명의 목숨을 앗아 간 서해훼리호 침몰(1993년), 32명의 목숨을 앗아 간 성수대교 붕괴(1994년), 101명의 생명을 앗아 간 대구지하철 가스 폭발(1995년), 502명의 목숨을 앗아 간 삼풍 백화점 붕괴(1995년), 228명의 목숨을 앗아 간 대한항공 괌 추락(1997년), 유치원생 등 23명의 생명을 앗아 간 씨랜드 화재(1999년), 192명의 목숨을 앗아 간 대구지하철 화재(2003년) 등등.

　　미래에 예상되는 가장 끔찍한 대형사고는 바로 원전 사고다. 원전 사고는 전 세계에서 몇 번 일어나지 않았지만, 한번 발생하면 돌이킬 수 없는 피해를 준다. 1979년 미국의 스리마일섬에서 최초의 원전 사고가 발생했다. 그다음은 1984년 소련의 체르노빌에서 발생했다. 그리고 2011년 일본의 후쿠시마 원전 사고가 있었다. 모두 엄청난 고통과 피해를 남긴 사고들이다. 그런데 여기에는 놀라운 사실이 숨어 있다. 미국의 원전은 104기로 세계 1위이고, 소련의 원전은 66기로 2위에 해당한다. 3위는 프랑스로 58기인데, 사고를 건너뛰었다. 4위는 후쿠시마 원전으로 전 세계를 경악하게 만든 일본으로 54기를 보유하고 있다. 그렇다면 5위 보유국은 어느 나라일까? 안타깝게도 23기를 가진 대한민국이다. 원전이 많다는 건 노후된 원전도 그만큼 많다는 의미이고, 당연히 사고 가능성도 높아질 수밖에 없다. 철저한 안전 관리가 이뤄지지 않는다면, 다음번 원전 사고는 순서상 대한민국 차례가 된다. 원전 사고가 발생하면 지금껏 대한민국에서 벌어진 그 어떤 대형 참사보다 끔찍할 것이다.

전문가들은 원전의 사고 확률을 보통 '100만분의 1'로 보고 있다. 그러나 이는 핵발전소 노심爐心(핵분열이 일어나는 원자로의 중심 부분)에서 사고가 날 확률을 의미할 뿐, 현실에선 의미가 없는 수치이다. 왜일까? '100만분의 1'은 첫째 원전이 설계대로 착오 없이 시공되고, 둘째 수십 년 동안 매뉴얼에 따라 정비가 완벽하게 이루어지며 연료 공급도 원활히 이루어지고, 셋째 원전 종사자들이 인간적인 실수나 태만을 저지르지 않고, 넷째 예기치 않은 재해가 발생하지 않을 때 가능한 수치이기 때문이다. 전 세계 핵발전소가 440기 정도인데, 후쿠시마까지 포함해서 그동안 멜트다운(원자로가 녹아내리는 현상)에 이르는 큰 사고만 6기에서 발생했다. 현실에서는 440분의 6의 확률, 즉 거의 '100분의 1'의 확률로 사고가 발생한 셈이다. '100만분의 1'이 얼마나 허구적인지 알 수 있다.

2013년 원전 부품 납품 비리로 대한민국 원전 5기가 운행을 멈춰 섰다. 안전이 생명인 원전에 불량·위조 부품이 무분별하게 납품된 사실이 검찰 수사로 밝혀졌다. 5기는 전체 원전 23기 가운데 21퍼센트에 해당하는 개수다. 지금까지 우리 원전에 치명적인 문제가 없었다고, 앞으로도 없으리란 법은 없다. 사실 여태 크고 작은 고장과 사고가 끊이지 않고 있다. 원전 납품 비리는 한국의 원전이 얼마나 허술하게 관리되고 있는지를 여실히 보여 주는 사례다.

3 우리가 세월호에 타고 있다면

세월호의 문제는 뭐였을까?

'사무실에서 대기하라!' 왠지 익숙한 표현 아니야? 맞아, 세월호 참사에서도 스피커에서 비슷한 안내 방송이 흘러나왔지. 2014년에 우리 사회는 세월호 침몰이라는 끔찍한 사고를 겪었어. 많은 사람들이 슬퍼하고 절망하며 분노했지. 너희도 비슷한 또래의 비극에 공감하며 아파하고 슬퍼했을 거야. 이 비극적 사건은 한국 사회의 구조적인 문제에서 비롯했지. 단지 몇 사람의 잘못이 아니라 총체적인 사회문제라는 거야.

세월호에서도 9·11 테러 때의 무역센터 건물에서처럼 '동요하지 말고 선내에 대기하라'라는 안내 방송이 계속 흘러나왔다고 하지. 물론 두 사건에서 안내 방송의 맥락은 전혀 달랐지만. 무역센터에선 매뉴얼대로 방송을 했고, 세월호에선 매뉴얼대로 하지 않았으니까. 그래서 무역센터는 인재가 아니었지만(건물의 안전 책임자나 관계자의 잘못이 아니라는 뜻에서 말이야. 사건을 일으킨 테러리스트는 분명 원인 제공자겠지), 세월호는 분명히 인재였지. 왜 우리는 비상 매뉴얼이 있어도 제대로 따르지 않을까? 원칙은 없고 형식만 있기 때문이지. 실제로 지켜야 할 원칙과 그 원칙에 따른 철저한 훈련은 없고, 그저 구색 맞추기 식의 형식만 있는 거야.

매뉴얼과 비상 훈련의 중요성은 9·11 테러에서 극명하게 확인됐지. 두 개의 빌딩이 무너지면서 수천 명의 사람들이 죽어간 와중에 거의 모든 직원들이 질서정연하게 빌딩을 빠져나와 화를 면한 회사가 있었어. 쌍둥이 빌딩 2번 타워의 70층부터 위로 22개 층을 쓰면서 가장 많은 수의 직원을 거느린 모건 스탠리라는 세계적인 금융 회사야. 이 회사의 안전보안 담당자인 릭 레스콜라는 여러 개의 훈장을 받은 베트남전 참전 용사로, 수많은 전투 경험을 통해 가상훈련이 위기 상황에서 얼마나 큰 힘을 발휘하는지 잘 알고 있었지. 회사의 전 직원들은 잦은 불편과 업무 방해에도 불구하고 레스콜라의 집요한 안전 훈련 지침에 못 이겨 계단을 통해 44층의 안전지대까지 내려가는 화재 대피 훈련을 수시로 실시했어.

이를 바라보는 주위의 시선은 싸늘했지. 어찌 보면 세계 최고의 빌딩에서 괜한 병정놀이를 하는 것처럼 여겨졌으니까 말이야. 그렇게 주변 사람들의 비웃음을 샀던 레스콜라의 안전 훈련은 결국 예고 없이 닥친 위기의 순간에 빛을 발하면서 수많은 사람의 생명을 구해 냈지. 레스콜라는 모건 스탠리의 직원들을 안전하게 대피시키고 나서 다른 회사 직원들을 구하기 위해 다시 계단을 올라갔지. 그의 마지막 모습은 빌딩이 무너지기 직전 10층에서 마지막으로 목격되었다고 해.(박동곤《에네르기 팡》참고) 이 사례를 통해 평소의 안전 훈련이 얼마나 중요한지 새삼 확인할 수 있지.

그렇다면 우리 사회에선 매뉴얼에 따른 비상 훈련이 왜 제대로 이뤄지지 않을까? 안전 교육이나 비상 훈련 등을 한다고 하루를 날리면 해운 회사 입장에서 손해라고 생각하기 때문이야. 그래서 안전 교육 같은 건 밀쳐 두고 그저 레몬을 쥐어짜듯 노동자만 쥐어짤 뿐이지. 조금이라도 더 일을 시켜 좀 더 이윤을 얻기 위해서 말이야. 당연히 승무원들 입장에서도 승객들의 안전이나 생명을 돌볼 겨를이 없겠지. 세월호의 선장은 월급이 270만 원에 불과한 1년 계약의 비정규직이었어. 항해사 등 선박 직원 15명 가운데 절반이 넘는 9명이 계약직이었고, 그들의 월급은 평균 170~200만 원이었지.('국민의 안전과 행복, 복지국가가 답이다', 〈m이코노미〉 2014년 5월 8일)

월급이 적으니 그들에게 면죄부를 줄 수 있다는 말이 아니야. 이들의 직무가 고도의 기술과 높은 사명감을 요구하는 전문직임에도 불구하고, 회사는 그에 맞는 대우를 전혀 하지 않았다는 거야. 직원 처우가 이 정도면, 다른 부분은 미루어 짐작할 수 있겠지. 법으로 강제하니까 형식적으로 매뉴얼을 만들고 훈련하는 시늉은 하더라도, 실질적으로 매뉴얼을 숙지하고 그에 따른 제대로 된 교육이나 훈련은 이뤄지지 않았지. 한국 사회에서 기업은 수익을 극대화하기 위해서 고용은 물론 안전 관련 비용을 최대한 줄이려고만 하지. 이것이 바로 '자본의 논리'야. 이윤을 위해서라면 사람도, 생명도 깡그리 무시하는 태도지. 중요한 것은 오직 더 많은 이윤을 획득하는 것뿐이야.

이명박 정부부터 박근혜 정부까지 이윤과 성장을 추구하는 경제 논리에 따라 규제도 마구 없애고 있지. 세월호 사고에서도 무분

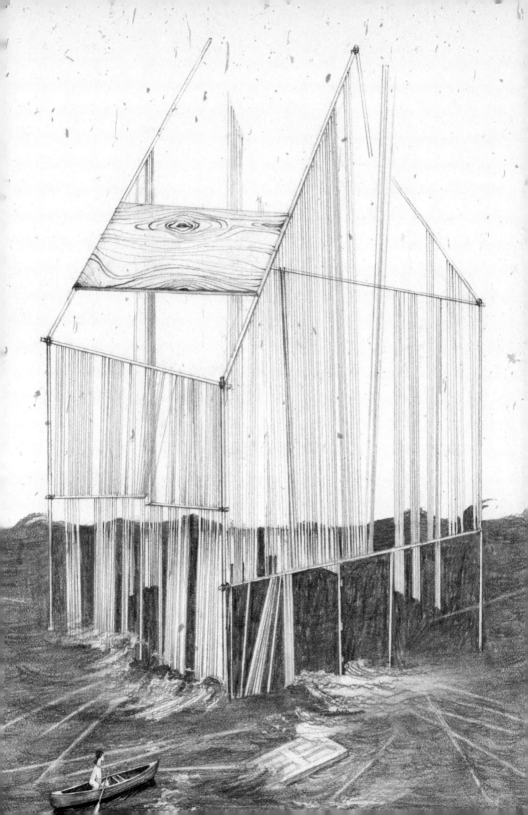

더 알아볼
이야기

이명박 정부에 이어 박근혜 정부도 계속 '규제 완화'를 부르짖고 있다. "규제 개혁이라고 쓰고, 일자리 창출이라고 읽는다."(2014년 2월 19일) "돈 한 푼 들이지 않고 투자를 늘릴 수 있는 방법은 규제 개혁뿐이다."(2014년 2월 25일) 박근혜 대통령이 한 말이다. 마치 규제 때문에 일자리가 안 늘어나고 투자가 안 되는 것처럼 말하고 있다. 정말 규제는 만악萬惡의 근원일까?

불필요한 규제도 있지만, 꼭 필요한 규제도 있다. 그 둘을 잘 구분해서 봐야 한다. 모든 규제가 무조건 다 나쁜 것처럼 말하면 안 된다. 예를 들어 각종 안전 기준들은 기업의 이익에는 반하지만 꼭 필요한 규제들이다. 대표적인 안전 분야에는 화재, 식품, 교통 등이 있다. 화재에 대비한 비상구, 선박의 과적에 관한 규제 등은 안전에 꼭 필요한 규제들이다. 무엇을 사고팔지, 시장에 누가 참여할지 등도 규제에 의해 결정된다. 가령 인간의 장기가 시장에서 거래되지 못하고, 공장에서 아동이 노동할 수 없는 것도 다 규제 덕분이다.

그런 규제가 있기 전까지 아동 노동은 당연한 현실이었다. 산업혁명 초기 영국에서는 7살 어린이들이 새벽 5시부터 저녁 7시까지 하루 14시간씩 공장이나 탄광에서 일하는 경우가 비일비재했다. 엥겔스의 《영국 노동계급의 상황》(1845)은 당시의 아동 노동의 실상을 잘 보여 준다. 10살 넘은 아이들이 탄광 갱도에서 석탄 수레를 끌었다. 심지어 6살 이하의 어린이들조차 탄광에서 일했다. 4~6살 어린 이들이 말이다. 탄광에서 어린이 노동이 성행한 이유는 어린이는 체구가 작아서 갱도를 넓게 파지 않아도 되었기 때문이다. 4~6살짜리에게 하루 14시간씩 일을 시켜도 그게 '자유 계약'으로 용인되던 시절은 아동 노동 규제를 도입하면서 종말을 고했다.

미국 사우스캐롤라이나 주 뉴베리의 몰로한 공장에서 일하는 어린 방적공(1908년).

별하게 규제를 완화하고, 그나마 있는 규제마저도 제대로 지키지 않아서 문제가 더욱 커졌어. 우선 배의 연령 규제를 20년에서 30년으로 풀어 줬지. 열심히 규제 완화를 떠들던 이명박 정권에서 결정된 일이야. 그 바람에 18년이나 된 낡은 세월호를 일본에서 들여올 수 있었어. 여기에 무리한 구조 변경과 과적過積(적정 화물량의 3배나 되도록 과적. 이 역시 '이윤 극대화'의 연장선상에 있지) 등이 이루어졌지. 그나마 있던 규제조차 제대로 지키지 않은 결과였어.

위기 상황에선 보다 적극적으로

우리는 '가만히 있어라'에 대해서 고민해 볼 필요가 있지. 부모님과 학교와 세상은 늘 청소년들에게 '잠자코 공부나 하라'고 요구하지. 군말 없이 시키는 대로 행동하는 학생을 모범생이라는 이름으로 칭찬하고. 반대로 학생이 자기 생각을 분명히 말하거나, 자기 의견을 쉽게 꺾지 않고 버티면 '돌아이'로 낙인찍지. "모난 돌이 정 맞는다"고 말하면서 그런 학생들을 혹독한 조탁의 과정을 거쳐 어떻게든 '말 잘 듣는 범생이'로 만들려고 하지. 또, "앉아, 일어서, 차렷, 열중쉬어, 줄 맞춰" 같은 군대식 신체 규율로 학생들을 길들이고 통제하지. "공부나 해라"와 "가만히 있어라" 사이는 과연 얼마나 멀까? 한국의 어른들은 크든 작든 세월호의 책임에서 자유로울 수 없어.

세월호 사건에서 배 안에 있었던 학생들은 아무 잘못이 없었지. 가장 직접적인 잘못은 당연히 승객들을 버리고 도망간 선장과 승무원에게 있고, 궁극적인 원인은 이윤만을 추구하는 기업과 그런 기업을 적절히 관리·감독하지 못한 무책임한 정부에 있지. 정부는 마치 시대의 소명인 양 규제 완화와 노동 유연화(해고의 자유)만을 부르짖었으니까. 다만 우리가 그런 상황에 처하면 어떻게 행동하는 게 좋을지 생각해 볼 필요가 있겠지. 다시 말하지만, 세월호에 있었던 아이들이 무언가 잘못 행동해서 그런 비극이 벌어졌다는 얘기는 결코 아니야. 그런 사고가 또 일어나선 안 되겠지만, 살다 보면 비슷한 위험에 맞닥뜨릴 수도 있을 거야. 대한민국처럼 안전에 취약한 사회에서는 더더욱 말이야. 그러니 우리는 더욱 우리의 안전을 스스로 챙길 필요가 있겠지.

그런 상황에서 어른들이 매뉴얼을 잘 따르고 자기가 맡은 역할에 충실한 사회라면, 안내 방송에서 지시하는 대로 행동하는 게 맞겠지. 하지만 한국 사회가 과연 그런 사회라고 할 수 있을까? 2003년의 대한민국("전동차 안에서 대기하라")과 2014년의 대한민국("동요하지 말고 선내에 대기하라")은 11년을 사이에 두고도 거의 변하지 않았잖아. 세월호에서도 학생들과 선생님들은 얌전히 구조를 기다리다 끔찍한 변을 당했지. 대구지하철 참사 때도 기관사의 '곧 출발하겠다'는 말만 믿고 있다가 승객들 대부분이 참변을 당했고.

위기 상황에서 어른들이 무조건 너희보다 상황 파악을 잘하는 게 아님을 명심할 필요가 있어. 생각해 봐. 그곳에 위기 상황 전문가가 있지 않다면, 어른들이라고 해서 특별히 더 잘 알거나 상황 파악을 잘하는 건 아니겠지. 나이와 상관없이 대부분은 처음 겪는 위기 상황에서 어찌할 바를 모르고 우왕좌왕하기 마련이야. 위기 대처 능력이란 어디까지나 나이의 문제가 아니기 때문이지. 세월호에선 갑판 근처에 있거나 본능적으로 갑판 위로 올라온 이들만이 살아남을 수 있었어. 그러니까 위기 상황에서 믿고 의지할 수 있는 건 너희의 생존 본능인지도 몰라.

긴가민가할 때는 가만히 있지 말고 생존 본능을 따르는 게 나을 수 있지. 안내 방송 등을 아예 무시하라는 뜻이 아니야. 그 방송만 철석같이 믿고 가만히 있어서는 안 된다는 거지. 항공기 문을 여는 극단적인 행동이 아니라면 갑판에도 올라가 보고 건물 밖으로도 나가 보는 보다 적극적인 행동이 필요하다는 거야. 배가 기울거나 항공기에서 이상한 냄새가 나거나 할 때는 더욱더 적극적으로 행동할 필요가 있겠지. 관계자에게 사실을 알리고 상황을 점검하도록 해야지. 사람들이 모두 가만히 있다고, 나까지 가만히 있을 필요는 없어.

위급 상황에서 반드시 조심할 부분은 우왕좌왕하다 다른 사람 뒤만 쫓아가서는 절대 안 된다는 거야. 극장같이 밀폐된 곳에서 화재가 발생하면 사람들은 인파에 휩쓸리다 앞사람 꽁무니만 쫓아가는 경향이 있지. 상황 판단이 안 되기 때문에 다른 사람들의 판단을 따르는 거야. 그러다 큰 변을 당하는 경우가 많지. 사람들

이 너무 많이 몰리다 보니까 깔려 죽을 수도 있고, 사람들이 몰린 비상구 쪽으로 불길이 번진다면 더 큰 인명 피해가 발생할 수도 있겠지.

급박한 상황에서 쉽지는 않겠지만, 전체 상황을 멀리서 보려고 노력해야 해. 급박한 상황에서 사람들이 많이 몰려가는 비상구가 더 나은 비상구라고 누가 장담할 수 있을까? 대개는 누가 먼저 그쪽으로 갔고, 잇따라 사람들이 뒤따라갈 가능성이 높지. 만약 직원이나 통제 요원이 정확하게 비상구를 안내한 게 아니라면, 무조건 남들을 따라가는 게 능사는 아니야. 비상구가 둘인데 한쪽으로 사람들이 몰려간다 싶으면 오히려 반대쪽 비상구로 가는 게 더 현명

할 수도 있지. 상황 판단이 안 될 때는 우선 스스로에게 '여기에 아무도 없다면 나는 어떻게 행동하는 게 좋을까?'라고 물어야 해. 물론 전체 상황을 보고 판단한다는 게 쉽지는 않겠지. 더구나 긴박한 상황에서는 머리가 생각만큼 신속하게 움직여 주질 않지.

4 위기 상황을 연습하자

그렇다면 어떻게 해야 할까? 여객기 추락 사고 생존자들의 증언에서 실마리를 찾을 수 있지. 이들은 사고 직후에 나타나는 사람들의 반응을 크게 두 가지로 증언하지. 먼저 극히 일부의 사람들은 충돌 직후 지체 없이 안전벨트를 풀고 화염이 덮쳐 오는 현장에서 빠져 나간다고 해. 그러나 놀랍게도 대부분의 사람들은 눈을 커다랗게 뜨고 앞을 응시한 채 꼼짝도 못하고 자신에게 다가오는 화염을 그대로 받아들인다고 해. 어떻게 죽음의 위험에 직면한 상태에서 아무것도 하지 않고 삶을 포기해 버리는 걸까? 소수의 생존자들과 다수의 희생자들의 차이는 도대체 어디에서 비롯하는 걸까?

생존자들의 행동과 심리를 조사했더니 흥미로운 결과가 나왔어. 충돌 직후 신속하게 상황을 판단하고 탈출했던 생존자들의 공통점은 예전에 그 같은 위기 상황을 가정하여 자신이 어떻게 행동할지 머릿속에 생각해 본 적이 있다는 점이었지. 일종의 가상 연습을 한 셈이야. 위기 상황에서 사람들은 어찌할 바를 모르지. 단지 경황이 없어서 그렇다기보다 위기 상황에서 아드레날린이 과도하게 분비되는 탓이야. 그로 인해 평소보다 감각이 예민해져서 주변 정보가 물밀듯 쏟아져 들어오지. 따라서 평소보다 상황 판단이 어려워지게 돼. 위기 상황에서의 생리적 반응이 판단을 어렵게 만드는 거야. 이런 상황에서 예행연습은 쓸모없는 정보를 과감히 버리고 예전에 연습하며 마음에 새겼던 필요한 정보만을 취하도록 하지. 더불어 즉각적인 판단과 결단, 그리고 행동이 이어지도록 만들어 주지.(박동곤 《에네르기 팡》 참고) 여러 위기 상황을 가정하고 구체적인 가상 연습을 해 볼 필요가 있어.

만약 사람들이 많은 곳에서 너희가 위급한 상황에 처해 도움이 필요할 때는 어떻게 해야 할까? 이때도 그냥 가만히 있으면 안 돼. '내가 이렇게 위험에 처해 있으니까, 저기 저 사람들이 분명 도와줄 거야' 이렇게 생각하고 가만히 기다리고 있으면 절대 안 되지. 그 경우에 다른 사람들이 도와주지 않을 수 있어. 그 사람들이 나빠서가 아니라 책임이 분산되기 때문이야. 따라서 "도와주세요"라고 큰 소리로 외치고, 그런 다음 "거기 검은색 넥타이 매신 분, 경찰 좀 불러 주세요"라고 정확하게 한 사람을 지목해서 도움을 청하는 게 좋아. 그래야 책임감이 분산되는 걸 막을 수 있지. 다시 강조하자면 도움을 청할 때는 막연한 누군가가 아니라 한 사람을 지목해야 해. 별거 아닌 것 같지만, 정말 중요한 문제야.

실제로 심폐소생술의 방법을 교육할 때도 '구체적인 지목'은 매우 중요하게 다뤄지지. 심폐소생술을 시행하기 전에 두 가지 선행 조치를 하도록 교육하거든. 첫 번째는 환자의 의식과 상태를 확인하는 거고, 두 번째는 119에 구조 요청을 하는 거야. 이때 주변 사람들에게 119에 연락해 달라고 막연하게 말하지 말고, 반드시 특정 인물을 지목해서 구체적으로 요청하라고 가르치지. 가령 "파란 원피스 입은 단발머리 아가씨, 119에 전화 좀 해 주세요!" 이런 식으로 한 사람을 정확하게 가리켜서 요청하라고 말이야. 이것 역시 책임감 분산을 막는 방법이지.

다음으로 너희가 어떤 사건을 목격하게 됐을 때는 방관자 효과를 기억하고 먼저 도우려고 노력해야 해. 그래야 곤경에 처한 사람을 위험에서 구할 수 있지. 방관자 효과를 사전에 알고 있는 사람은 문제가 발생했을 때 다른 사람을 기꺼이 도우려 한다는 흥미로운 연구 결과도 있어. 그러니까 이번에 새롭게 알게 된 방관자 효과를 꼭 기억해 두었다가 다른 사람들이 잠자코 있더라도 너희가 먼저 나서서 도우려고 해 봐.❖

꼭 위험을 무릅쓰라는 얘기가 아니야. 최소한 경찰이나 119에 신고만이라도 해 주자는 거야. 모두가 가만히 보고만 있는 상황에서는, 신고만 해도 어려움에 처한 사람에겐 큰 도움이 되겠지. 더나아가, 주저하고 있는 주변 사람들에게 함께 도와주자고 말하면 돼. 청소년이 나서서 도와주자고 말하는데, 외면할 어른들은 별로 없을 거야. 그러니 머뭇거리지 말고 주변 사람들에게 함께 도와주자고 얘기해. 그리도 되도록 3분 안에 도움을 주도록 하고. 그 시간이 지나면 너희도 어느새 방관자가 되어 있을지 모르니까 말이야.

❖ 곤경에 처한 사람을 구해 주지 않는다고 법적으로 처벌받는 것은 아니다. 우리 법은 그와 같은 방관에 대해서 책임을 묻지 않는다. 반면에 자기가 특별한 위험에 빠질 상황이 아닌데도 곤경에 처한 사람을 구해 주지 않는 것에 대해 법적인 책임을 묻는 나라들이 있다. 일명 '착한 사마리아인의 법'이다. '착한 사마리아인'은 《성경》에 나오는 인물인데, 강도의 습격을 받아 목숨이 위태로운 사람을 모두가 지나쳤으나 이 사람만이 정성껏 돌봐 구해 주었다. 프랑스 형법 제63조 2항은 '착한 사마리아인법'을 규정하고 있다. "위험에 처해 있는 사람을 구해 주어도 자신이나 제3자에게 위험이 없는데도 도와주지 않는 자는 3개월에서 5년까지의 징역과 360프랑에서 15만 프랑까지의 벌금을 물거나 이 둘 중 한 가지를 받게 된다." 프랑스 말고도 독일, 스위스, 이탈리아, 네덜란드, 덴마크 등 전 세계적으로 15개국에서 이 법을 실시하고 있다.

더 알아볼 이야기

하인리히 법칙이라는 게 있다. 1931년 하버트 윌리엄 하인리히가 펴
낸 《산업재해 예방》이라는 책에 소개된 법칙이다. 당시 하인리히는
한 보험사에 근무하고 있었다. 보험회사에서 수많은 사고 통계를
분석하던 하인리히는 하나의 법칙을 발견하게 된다. 그것은 바로 산
업재해가 발생하여 중상자가 1명 나온다면 그 전에 같은 원인으로
경상자가 29명이, 또 같은 원인으로 부상을 당할 뻔한 잠재적 부상
자가 300명이 있었다는 사실이다. 다시 말해 큰 재해와 작은 재해,
그리고 경미한 사고의 발생 비율이 1:29:300이라는 것이다.

　　큰 재해는 우연히 발생하는 게 아니다. 그전에 반드시 작고 사
소한 사고들이 반복되는 과정에서 발생한다. 우리가 사소한 사고들
을 방치할 때 큰 재해는 발생한다. 따라서 사소한 문제가 발생했을
때 면밀히 살펴서 원인을 찾고 문제를 해결해야 대형 사고를 미리
막을 수 있다. 징후가 있는데도 이를 무시하면 돌이킬 수 없는 대형
사고로 이어질 수 있다. 실제로 대형 사고는 흔하게 일어나지 않는
다. 그것은 최악의 상황이 우연히 겹쳐 일어날 때라야 발생한다. 악
재에 악재가, 실수에 실수가 더해져 사고가 터지는 것이다. 최악의
산업재해 가운데 하나로 1979년에 발생한 미국 펜실베이니아 스리
마일섬의 핵발전소 사고를 든다. 이 사고는 어떻게 발생했을까?

　　가장 먼저 거대한 물 필터에 고장이 났다. 때문에 증기 발전기

에 들어가는 물의 흐름이 막혔다. 다른 원자로와 마찬가지로 스리 마일에도 이런 때를 대비한 예비 냉각 장치가 마련되어 있었다. 하지만 사고 당일은 예비 냉각 장치의 밸브가 닫혀 있었다. 더욱이 예비 냉각 장치의 개폐를 알려 주는 계기판이 하필 그 위의 다른 스위치에 걸려 있는 '수리 요함'이라는 꼬리표에 가려 보이지 않았다. 물론 또 다른 예비 시스템도 있었다. 원자로의 붕괴를 막을 수 있는 특별한 종류의 긴급 시스템이었다. 그런데 그날은 그 시스템도 작동하지 않았다. 사태의 심각성을 파악해야 할 조종실의 방사능 감지기까지도 제 기능을 못했고. 담당자들이 사태의 심각성을 깨달았을 때는, 이미 원자로가 붕괴 직전까지 치달은 상황이었다.(찰스 페로《무엇이 재앙을 만드는가?》참고)

이처럼 하나의 문제만으로 파국이 발생하는 건 아니다. 서로 완전히 무관한 다섯 가지 사건들, 즉 따로 떼어 놓고 보면 사소한 고장에 불과한 것들이 더해져 예상치 못한 커다란 사고를 불렀던 셈이다. 세월호만 해도 사고 이전에 여러 문제가 발생했다. 그리고 일부 직원들이 회사 측에 시정을 요구하기도 했고. 하지만 회사는 이를 묵살했다. 사고 2주 전에 조타기 전원 접속에 이상이 있었고, 그보다 훨씬 전에는 배의 균형을 잡아 주는 평행수 탱크에 이상이 있어서 회사 측에 수리를 요청하기도 했다.

6장

권위에 복종하지 않으려면

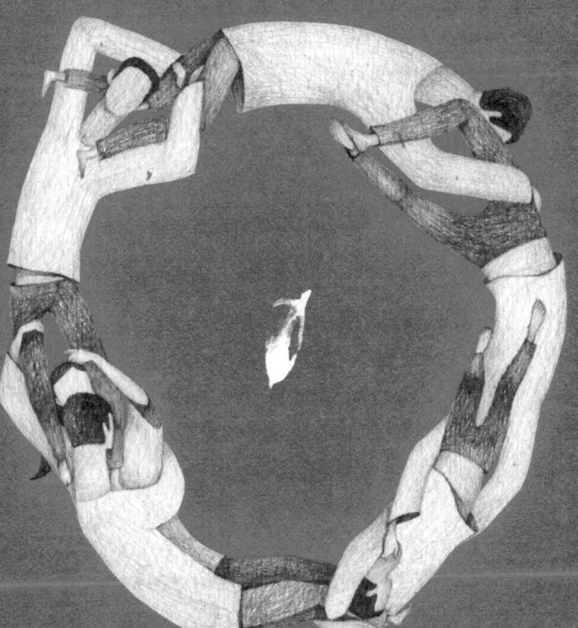

1 유대인 학살의 비극

학살자의 진실

"저기서 타고 있는 건 바로 우리야." 아우슈비츠 수용소에 온 지 얼마 되지 않은 신참 수감자가 수용소의 높다란 굴뚝에서 나오는 연기에 대해 묻자 고참 수감자가 한 말이야. 수용소에서 죽은 자와 산 자의 거리는 가깝지. 어제의 산 자가 오늘은 죽은 자가 되고, 오늘의 산 자도 내일이면 죽은 자가 되는 곳이 아우슈비츠니까. 죽은 자들의 운명은, 아직 살아 있는 자들에게 닥칠 운명인 거야. 그러니 "저기서 타고 있는" 것은 실제로 그들이지만 우리이기도 하지. 아우슈비츠 생존자로 살다가 끝내 자살로 생을 마감한 프리모 레비가 남긴 《이것이 인간인가》에 나오는 이야기야.

독일은 대략 600만 명의 유대인을 학살했어.❖ 알다시피 학살의 중심에는 히틀러라는 인물이 있었지. 그래서 우리는 이 비극이 히틀러라는 독재자에 의해 자행된 거라고 생각해. 하지만 히틀러는 엄연히 선거에 의해 당선된 지도자였어. 즉 그는 국가 권력을 무

❖ 사실 독일군이 유대인만 학살한 건 아니다. 소련군 포로들과 집시, 동성애자, 정신질환자, 사회주의자, 공산주의자 등까지 모두 합하면 희생자의 숫자는 1100만 명에 이른다. 학살당한 사람의 숫자만 그 정도다. 2차 세계대전으로 목숨을 잃은 사람들은 더 많다. 소련은 최소 2500만 명(민간인 1600만, 군인 860만, 유대인 100만), 폴란드는 900만 명(민간인 570만, 유대인 300만, 군인 30만 명)이 목숨을 잃었다.(페터 가이스 외 《독일 프랑스 공동 역사 교과서》, 25쪽 참고)

력으로 찬탈한 게 아니라 민주적으로 선출되어 획득한 사람인 거지. 선거에서 독일 국민들이 실수했다고 쳐도, 그 이후의 비극은 어떻게 설명이 가능할까? 도대체 그런 끔찍한 일이 어떻게 가능했을까? 다시 말해, 독일인들이 대량 학살에 동조하거나 방조한 이유가 뭘까? 대량 학살에 동참한 독일인들은 하나같이 인간의 탈을 쓴 악마였을까? 사실 그들은 악마도, 괴물도 아니었어. 오히려 아주 평범한 사람들이었지.

히틀러는 독일인을 아리안족으로 여겼어. 원래 아리안족은 역사에 존재하지 않는 민족이야. 언어학자들이 언어를 연구하다 만들어 낸 가정적 존재일 뿐이지. 유럽어와 인도어는 비슷한 구석이 많아. 그렇다면 이 둘은 본래 하나의 뿌리에서 나왔을 가능성이 있겠지. 이를 설명하기 위해 언어학자들은 유럽어와 인도어의 조상말을 썼던 가상의 민족을 가정하게 됐어. 그게 바로 아리안족이지. 히틀러는 이를 실제 사실로 여겼던 거야. 존재하지 않았던 종족이 실제로 있었던 것처럼 말이지. 그리고 독일 민족의 조상으로 간주했어. 위대한 아리안족의 후예로서 독일 민족은 다른 민족보다 우월하고, 그래서 다른 민족을 지배할 수 있다고 생각했지.

학살의 뿌리, 사회진화론

히틀러를 비롯한 나치들은 사회진화론을 따랐어. 자연에선 강한 놈이 살아남지. 인간 사회도 마찬가지라는 거야. 강한 민족은 살아남고, 약한 민족은 사라지고. 약한 민족은 경쟁에서 밀려나 도태된다는 거야. 그렇게 인류가 점점 더 강하고 우월해진다고 여겼어. 자연에서의 진화처럼 인류 사회도 진화해 왔다는 거지. 사실 이는 진화론에 대한 오해야. 강한 놈만 살아남는다면 먹이사슬의 맨 꼭대기에 있는 놈들만 살아남아야 되겠네? 만약 그렇게 되면 그놈들도 얼마 지나지 않아 멸종하고 말겠지. 왜? 더는 먹을 게 없을 테니까 말이야. 어차피 약한 놈들은 다 먹히고 남아 있지 않겠지. 자연에선 제일 강한 놈이 살아남는 게 아니야. 정확히는 자연 환경에 적응한 놈이 살아남는 거지.

여기서 '적응'이라는 개념을 올바르게 이해할 필요가 있어. 진화론의 '적응'은 개별 생물의 주체적인 적응이 아니라 유전적 적응으로 이해해야 해. 다시 말해, 개별 생물이 스스로 노력해서 자연에 적응했다기보다 특정한 유전 형질이 자연 환경에 부합했다는 뜻이야. 가령 예로부터 흑인은 적도 근처의 아프리카에, 백인은 유럽에 살았지. 그렇다면 왜 옛날부터 흑인은 유럽에 살지 않았고, 백인은 아프리카에 살지 않았을까? 그 이유는 피부에 있는 멜라닌색소 때문이지. 흑인은 멜라닌색소가 많아서 피부가 까맣고, 백인은 그 반대야. 문제는 멜라닌색소가 많으면 많은 양의 햇빛을 받아야만 비타민D를 생성할 수 있어. 멜라닌색소가 적은 백인은 햇빛을 적게 받아도 비타민D를 쉽게 생성할 수 있지. 따라서 햇빛이 상대적으로 적은 고위도 지방에서 흑인은 살지 못해. 비타민D 결핍으로 면역력이 떨어지기 때문이야.

지금이야 여러 음식이나 비타민제를 섭취함으로써 이런 문제를 예방할 수 있지만, 음식이 풍부하지 않고 비타민 영양제가 없었던 옛날에는 북유럽 같은 고위도 지역에선 흑인이 살 수 없었지. 대신에 멜라닌색소가 적은 백인은 햇볕이 강한 적도 부근에서 살기 어려웠어. 피부가 약한 탓에 금세 벌겋게 타고, 피부암에 걸릴 확률도 높기 때문이야. 지금이야 자외선 차단제를 바르거나 햇빛을 많이 쐬지 않는 상황을 통해 어느 정도 극복되었지.(사냥과 수렵, 채집을 해야 했던 옛날에는 그늘진 곳에서만 생활할 수 없었겠지?) 이처럼 백인이 고위도에 살고, 흑인이 저위도에 사는 이유는 그들의 노력으로 환경에 적응한 결과가 아니라 유전적 형질이 환경에 부합한 결과인 거야. 그래서 진화론에선 이를 '자연 선택'이라고 부르지. 자연 환경이 자기에게 적합한 유전 형질을 가진 개체를 선택한다는 의미에서 말이야.❖

지금까지 설명한 내용이 진화론과 자연 선택의 핵심이야. 그런데 나치는 마치 인간이 주체가 되어 열등한 이들을 제거하면 인류가 더 진보된 존재로 진화할 수 있을 거라 생각했어. 이를 사회진화론이라고 부르지. 사회진화론을 신봉한 나치는 전쟁을 찬양했어. 전쟁이야말로 약하고 병든 민족들을 쓸어버릴 수 있는 절호의 기회로 보았던 거지. 히틀러에겐 유대인들이 그렇게 여겨졌어. 사악하고 교활한 병든 민족. 그런데 유대인 학살에 동조하거나 방조한 독일인들 가운데는 반유대주의자도 있었지만 그렇지 않은 사람들도 분명 있었지. 우리가 주목해야 할 사람들은 반유대주의자가 아니면서 학살에 직간접적으로 관여한 이들이야. 무엇이 이들을 거대한 악행에 몸담게 했을까?

2 복종이 비극을 부른다

권위에 대한 복종

유대인 학살의 비밀을 밝혀 줄 놀라운 실험이 있어. 1961년 예일대학의 스탠리 밀그램이 진행한 실험이지. 밀그램은 사람들이 파괴적인 복종에 굴복하는 이유가 성격보다 상황에 있다고 믿었어. 밀그

❖ 지구는 대략 46억 년 전에 탄생했다. 그로부터 10억 년 후에 최초의 단세포생물이 지구상에 나타났다. 이 단세포생물로부터 보다 복잡한 형태의 생물이 나왔다. 그 후 엄청난 진화의 역사를 거쳐 지금과 같은 생명의 바다를 이루게 되었다. 끊임없이 새로운 종이 생겨나고, 이전의 종이 사라지면서 말이다. 새로 생겨난 종이 이전에 존재하던 종보다 덜 발전된 경우도 얼마든지 있다. 말하자면 진화는 진보가 아니다. 진화는 자연 선택에 의해 생존에 적합한 개체가 살아남은 결과일 뿐이다. 그러니까 진화는 진보가 아니라 다양성의 증가로 이해할 수 있다. 스탠퍼드대학의 폴 에릭과 하버드대학의 에드워드 윌슨 같은 생물학자들은 지구의 생물을 1억 종으로 추정하고 있다. 1995년 유엔환경계획이 내놓은 지구 생물다양성 평가보고서는 종의 총 수가 700~2000만 사이이며, 1300~1400만 종이 '합당한 추정값'이라고 밝혔다. 지구상에는 최소 1000만 종에서 최대 1억 종까지 다양한 생물들이 살아간다.(이본 배스킨 《아름다운 생명의 그물》 참고)

램의 실험은 바로 이 지점에서 시작됐지.

밀그램은 실험 참가자들을 교사와 학생 역할로 구분했어. 교사는 학생에게 한 쌍의 단어를 기억하게 하고 학생이 오답을 말할 때마다 전기 충격을 가해야 했지. 전기 충격은 15볼트씩 단계적으로 높아져 최대 450볼트까지 이를 수 있었어. 교사 역을 맡은 참가자는 전기 충격의 단계에 대해서 미리 설명을 들었지. '가벼운 충격', '중간 단계의 충격', '강한 충격', '매우 강한 충격', '심한 충격', '극심한 충격', '위험', '심각한 위험', 그리고 맨 마지막 단계의 버튼에는 'XXX'라고만 표시되어 있었지. 물론 학생 역할 참가자는 실제 참가자가 아니라 공모자였어. 실제로는 어떤 전기 충격도 없었지. 교사 역할 참가자가 전기 충격 버튼을 누르면 학생 공모자는 정말 아픈 것처럼 비명을 지르거나 울부짖는 연기를 했을 뿐이야.

실험이 진행되는 동안 실험 관리자는 선생 역할 참가자 옆에 앉아 "걱정 말고 계속하세요, 책임은 내가 집니다"라고 말하면서 전기 충격을 독려했어. 실험 관리자는 일종의 권위자 역할을 맡고 있었지. 교사 역할 참가자들은 처음 15볼트에선 벽 너머에서 들리는 가벼운 비명 소리에 키득키득 웃기 시작했어. 그러다 전압이 90볼트를 넘어가면서 다들 이상하다는 표정을 지었지. 못하겠다고 말하는 실험 참가자들이 대부분이었지만, 실험 관리자가 차가운 목소리로 독려했어. "계속하세요!"

실험이 시작되기 전 밀그램은 150볼트 이상으로 전압을 높여야 할 상황이 되면 대부분의 실험 참가자가 이를 거부할 걸로 예상했어. 아마 실험 참가자 중에서 약 2퍼센트 정도가 450볼트까지 전기 충격을 가할 거라고 가정했지. 심리치료사 39명에게 설문 조사한 결과도 비슷했지. 마지막 단계까지 전기 충격을 가할 사람은 1000명 중에 1명 정도밖에 없을 걸로 나왔어. 그런데 실험 결과는 충격적이었지. 실험 참가자 중 무려 65퍼센트가 450볼트까지 전압을 높였던 거야. 그리고 실험 참가자 전원이 300볼트까지 전압을 높였어. 바로 실험 관리자의 권위에 복종한 결과지. 평범한 사람도 특정한 상황에서 끔찍한 일을 저지를 수 있는 거야.

밀그램의 실험을 통해 권위에 복종하는 평범한 사람들이 유대인 학살 같은 끔찍한 일에 동참할 수 있다는 사실을 확인할 수 있지. 밀그램은 이 연구의 후원자들에게 보내는 편지에서 이렇게 썼어. "얼마 전 제가 순진했을 때만 하더라도, 독일처럼 국가 차원의 죽음의 수용소를 만들 만큼 도덕성이 결여된 사람들을 미국 내에서 찾을 수 있을까 의문스러웠습니다. 하지만 지금은 어느 곳을 뒤져도 그 인원을 채울 수 있다고 생각합니다."

밀그램의 실험은 여러 나라에서 수천 번 이상 진행됐어. 프린스턴대학의 수잔 피스크 교수의 조사에 따르면 대략 800만 명이 거의 2만 5000번의 실험에 참여했다고 해. 다른 결과가 나오는 경우는 거의 드물었지. 실험을 진행한 곳마다 참가자 대다수가 최대치의 전기 충격을 가했어. 이로써 평범한 이들도 주변 환경에 따라 끔찍한 일을 저지를 수 있다는 사실이 증명되었지.

스탠퍼드대학의 필립 짐바르도❖는 밀그램의 실험에 다른 내용을 추가해서 실험했지. 짐바르도는 실험 참가자들을 두 집단으로 나누고, 한쪽에는 이름표를 달게 하고 다른 쪽은 마스크를 착용하게 했어. 그리고 밀그램 실험처럼 학습과 관련된 연구를 한다는 명목 아래 실험 대상자에게 고통스러운 전기 충격을 가하게 했지. 마찬가지로 전기 충격은 가짜였고 실험 도중에는 가짜 비명소리를 들려줬지. 실험 결과 마스크를 착용한 사람이 이름표를 단 사람보다 평균 2배나 전기 충격을 더 가했어.

인류학자 로버트 왓슨은 23개의 부족을 대상으로 전쟁과 폭력의 관계를 조사했지. 그가 조사한 바에 따르면, 부족 간 전쟁을 벌일 때 변장을 하거나 몸에 색칠을 하는 등 자신의 정체를 숨기는 부족은 그렇지 않은 부족에 비해 훨씬 더 폭력적이었어.❖❖ 여기서 변

❖ 필립 짐바르도는 잠시 뒤에 소개할 유명한 감옥 실험을 진행한 학자다. 감옥 실험은 실험 참가자들을 간수와 죄수로 나누고 그들 사이에 어떤 심리나 행동 변화가 일어나는지 관찰하는 것이 목적이었다. 그런데 실험이 시작되고 며칠 만에 간수 역할을 맡은 참가자들이 죄수 역할을 맡은 참가자들을 학대하면서 실험은 중단되었다. 밀그램의 실험과 조금 닮은 구석이 있는 실험이다. 필립 짐바르도와 스탠리 밀그램은 고등학교 때 같은 수업을 들은 친구였다고 한다. 유유상종이 아닐 수 없다.

❖❖ 북아일랜드에서 발생한 500건의 폭력 사건 자료를 분석한 연구에서도 익명성이 폭력성을 증폭시킨다는 결과가 나왔다. 변장을 하고 폭력을 저지른 사람일수록 상대에게 더 심각한 부상을 입혔고 더 많은 사람을 다치게 했다. 게다가 사건 이후에도 피해자들을 괴롭히는 성향이 두드러졌다. 이것이 바로 익명성이 불러일으키는 폭력성이다.

장은 익명성과 관련되지. 변장 등을 하는 15개 부족 가운데 적의 신체를 절단하거나 고문하고, 심지어 적을 죽이는 부족은 12개 부족이었고, 그렇지 않은 부족은 3개 부족뿐이었어. 반면에 변장 등을 하지 않는 8개 부족 가운데서 극단적인 폭력성을 드러낸 부족은 단 1개 부족뿐이었고, 나머지 7개 부족은 폭력성이 덜했지.

우리라고 다를까?

너희가 밀그램의 실험에 참여했다면 어떻게 행동했을 것 같아? 너희는 65퍼센트에 들어갔을까? 다들 절대 아니라고 생각할 거야. 그러나 나머지 35퍼센트도 결국에는 300볼트까지 전압을 높였지. 물론 자신은 450볼트건 300볼트건 절대로 전기 충격 버튼을 누르지 않을 거라 생각하는 친구들도 있을 거야. 하지만 우리가 생각하는 것과 실제 현실은 엄연히 다르지. 특정한 상황이 자기 행동에 미치는 압력을 직접 경험해 본 사람이라면 쉽게 자신하기 힘들 거야. 심리학자 엘리엇 아론손은 이런 이야기를 들려주지.(더글라스 무크 《당신의 고정관념을 깨뜨릴 심리실험 45가지》24쪽)

늘 그랬던 것처럼, 학생들에게 그들이 그런 실험에 처한다면 최대한의 전기 충격을 가할 수 있겠느냐고 물었을 때, 딱 한 사람이 쭈뼛쭈뼛 손을 들었다. 그 수업을 듣던 다른 학생들은 한결같이 그 실험자의 지시에 완강히 맞설 수 있을 거라고 확신했다. 그러나 손을 든 학생은 그런 인간 심리를 충분히 알 만한 입장에 처한 경험이 있는 학생이었다. 바로 베트남전에 참전한 군인이었다. 그는 고통스럽고 비극적인 경험을 통해서 자신도 그런 상황에서 나약하게 행동할 수 있다는 사실을 깨달았던 것이다.

밀그램 실험은 수많은 연구자에게 영감을 주었지. 그래서 여러 버전으로 다양하게 실험됐어. 만약 너희가 실험 설계자라면 밀그램 실험을 어떻게 응용할 것 같니? 심리학자들이 많이 사용한 방법은 다양한 권위자를 내세운 방법이었지. 가령 경찰이나 의사 등을 내세워 실험 참가자가 어떻게 반응하는지 실험했어.

경찰관 실험부터 살펴볼까. 경찰관이 실험 참가자에게 컴퓨터로 몇 가지 작업을 하도록 지시했어. 다만 Alt 키를 누르면 컴퓨터가 망가지니 절대 누르지 말라고 당부했지. 실험 참가자 중 누구도 그 키를 누르지 않았어. 그런데 갑자기 컴퓨터가 망가지고 말았지. 잠시 뒤에 다시 돌아온 경찰관이 Alt 키를 눌러서 컴퓨터가 망가졌다고 화를 내며 순순히 잘못을 털어놓으라고 소리쳤어.

놀랍게도 70퍼센트의 참가자가 잘못한 게 없는데도 자기 잘못을 자백했지. 키를 누르는 걸 보았다는 거짓 목격자가 나타날 경우 무려 90퍼센트 이상의 참가자가 Alt 키를 눌렀다고 자백했어. 어떻게 자기가 하지도 않은 일을 자백할 수 있을까? 보통 사람들이 경찰관으로 상징되는 권위에 그만큼 쉽게 굴복한다는 사실을 알 수 있어. 거짓 증언까지 나오게 되면 복종은 더욱 심해지지.

이와 비슷한 실험으로 찰스 호플링이 실시한 간호사 실험도 있지. 호플링은 외과, 내과, 소아과, 정신과 등 다양한 병동에 소속된 간호사 22명에게 전화를 걸어서는 의사라고 신분을 밝히고 간호사들에게 지시 사항을 주었지. 간호사들에게 어떤 환자에게 즉시 약을 투여해 자신이 병원에 도착할 때쯤 약효가 나타나도록 하라는 지시였어. 그리고 병원에 도착해서 투약 지시 서류에 서명하겠다고 말했지. 물론 간호사들은 그 의사가 누구인지 모르는 상태였어.

투약 지시는 환자에게 astroten 20mg을 투여하라는 것이었지. astroten 용기에 있는 라벨에는 1회 투여량이 5mg이며 최대 투여량은 10mg이라고 적혀 있었어. 그러니까 의사는 최대 투여량의 2배를 지시했던 셈이지. 간호사들은 낯선 의사의 투약 지시를 따를 것인지, 아니면 거부할 것인지를 놓고 갈등했어. 그러나 의사가 도착할 때가 되자 22명의 간호사 중에서 단 한 명을 제외하고 모두가 지시를 따랐지.(물론 실제로 투약되진 않았어. 은밀히 지켜보던 연구진이 재빨리 뛰어나가 간호사에게 실험 내용을 설명하고 투약을 중단시켰거든.)

악의 평범성

유대인 학살 같은 일은 언제든 다시 일어날 수 있지. 광기나 분노가 없어도 가능해. 밀그램의 실험은 실험에 참가한 이들이 화가 난 상태가 아니었다는 이유에서 분노와 살인(학살)이 무관할 수 있음을 보여 주지. 중요한 것은, 사람들이 특별히 공격이나 피해를 당하지 않았는데도 악행에 가담할 수 있다는 점이야. 지극히 평범한 사람들이 끔찍한 일을 저지를 수 있는 거지. 《이것이 인간인가》를 남긴 프리모 레비는 이렇게 말했지. "괴물들은 존재하지만, 그들의 숫자는 너무 적어서 큰 위협이 되지 않는다. 정말로 위험한 존재는 아무런 의문도 제기하지 않은 채 정부의 말을 그대로 믿고 행동하는 사람들이다."

한나 아렌트라는 철학자가 있어. 아렌트는 아이히만이라는 독일 관료의 재판을 보고 《예루살렘의 아이히만》이라는 책을 썼지. 아이히만은 유대인 학살의 실무 책임자였어. 아이히만의 재판을 지켜본 아렌트는 아이히만이 인간의 탈을 쓴 악마가 아니라고 결론 내렸지. 아이히만은 재판에서 이렇게 말했어. "나는 전 생애를 칸트의 도덕 규율에 맞추어 살아왔으며, 특히 의무에 대한 칸트의 정의에 따라 행동했다."

칸트는 대표적인 서양 철학자야. 칸트의 도덕 철학을 흔히 의무론이라고 하지. 칸트는 행위의 결과가 아니라 도덕적 의무를 강조했어. 행위의 결과가 좋다고 행위가 옳은 것은 아니며, 오로지 선한 동기만이 옳은 행동이라고 보았지. 가령 어려움에 처한 사람을 도와줄 때 그게 의무라고 생각해서 돕는 것만이 도덕적이라고 보았어. 다른 이유, 가령 어려움에 처한 사람이 불쌍해서라든가 그 사람을 도와주면 그가 기뻐할 것 같다든가 하는 이유로 돕는 것은 도덕적이지 않다고 보았어. 그만큼 도덕적 '의무'를 강조한 거지. 아이히만은 스스로를 이런 칸트의 윤리학에 맞춰 살아왔다고 한 거야.

아렌트는 '악의 평범성the banality of evil'이라는 말을 했지. 쉽게 말해 누구나 악을 저지를 수 있다는 거야. 아이히만이 악한 인간이라면, 그가 악마로 태어났기 때문이 아니라 지극히 평범했기 때문이라는 거지. 프리모 레비가 말한 "아무런 의문도 제기하지 않은 채 정부의 말을 그대로 믿고 행동하는 사람", 다시 말해 그런 평범

한 사람들이 악을 저지른다는 거야. 원래부터 악마나 괴물이 있어서 악을 저지르는 게 아니고 말이지. 실제로 2차 세계대전이 끝나고 나치 전범들은 다양한 심리 검사를 받았어. 그런데 충격적인 결과가 나왔지. 그들이 정신적으로 별다른 이상이 없었다는 거야. 수많은 사람을 학살한 장본인들인데도 말이야. 이것이 바로 악의 평범성이야.

아렌트의 지적대로 아이히만은 악마가 아니었는지도 몰라. 그 역시 인간으로서 가스실로 향하는 유대인들을 보면서 동정심을 느꼈다고 해. 다만 그는 동정심 때문에 자기에게 주어진 책무를 그르쳐선 안 된다고 생각했지. "명령받은 일을 하지 않았다면 양심의 가책을 느꼈을 것이다. 명령받은 일을 이행하는 것을 의무라고 생각했다." 그래서 유대인을 돕기보다 자기 책무에만 충실했다는 거야. 아이히만은 자신의 책무를 성실하게 수행한 군인이었던 셈이지. 문제는 아이히만이 아무 생각이 없었다는 거야. 자기에게 주어진 일의 정당성을 전혀 따져 보지 않았지. 상부의 명령에 그저 기계적으로 복종했을 뿐이야.

자신에게 주어진 업무를 성실히 수행하는 게 반드시 나쁜 일은 아니지. 문제는 주어진 업무를 기계적으로 처리하는 거야. 아렌트는《인간의 조건》에서 인간을 그가 하는 일의 성격에 따라 '아니말 라보란스'와 '호모 파베르' 두 가지로 구분했어. 아니말 라보란스는 쉽게 말해 '일하는 동물'이야. 세상과 차단된 채 그저 자기 일에만 몰두하는 사람이지. 반면에 호모 파베르는 윤리와 도덕을 돌아보며 일하는 사람이야. 즉, 아니말 라보란스가 '어떻게 일할까'만 생각한다면, 호모 파베르는 '왜 그럴까'를 고민하지. 우리는 아니말 라보란스를 넘어서 호모 파베르가 되려고 해야 해.

성실성의 함정

프랑스에서 재현된 밀그램의 실험에서 성실성 수준이 높은 사람일수록 강도 높은 전기 충격을 가하는 모습이 관찰됐어. 이는 성실한 사람일수록 권위에 더 복종적이라는 사실을 말해 주지. 물론 성실함이 나쁘다는 게 아니야. 성실함은 학업은 물론이고 직장에서의 근무 태도, 직업적 성공에 이르기까지 다양한 행동 지표들과 관련되지. 뿐더러 성실한 사람은 건강에 이로운 행동들을 잘 지켜서 평균 수명이 다소 높다는 연구 결과도 있어. 성실함의 좋은 점을 부정할 순 없겠지만, 동시에 그것의 한계를 기억할 필요가 있지. 성실한 사람일수록 권위에 더 복종적이라는 점을 기억하고, 자신이 따르는 권위가 부당한 명령을 내리고 있는 건 아닌지 스스로 돌아봐야 해. 성실함이 부당한 권위에 대한 복종으로 미끄러지지 않도록 말이야.

실제로 나치가 독일을 지배하던 시절, 나치에 자발적으로 체포된 이들이 있었어. 드물긴 했지만 말이야. 이들은 하염없이 도망 다니고 떠도는 삶으로 인한 절망감 때문이거나 먹고살 방법이 없어서 혹은 이미 체포된 다른 가족과 헤어지기 싫어서 자발적으로 체포되었지. 그런데 이들 중에는 터무니없게도 "법을 따르기 위해서"인 경우도 있었다고 해. 프리모 레비의 《이것이 인간인가》에 나오는 내용이지.

흔히 쓰는 말은 아닌데, 노모패스normopath라는 단어가 있어. 처음 들어 본 친구들이 많을 거야. 프랑스의 심리학자 로랑 베그가 《도덕적 인간은 왜 나쁜 사회를 만드는가》에서 제시한 개념이지. 사이코패스는 들어 봤을 거야. 노모패스는 병적으로 규범에 집착하는 인간을 가리켜. 보통은 자기 통제를 못한 결과로 악*을 이해하지. 반면에 어떤 연구들은 지나친 자기 통제가 오히려 악을 낳는다고 지적하고 있어.

충동적인 범죄는 당연히 자기 통제의 부재가 악을 낳는 경우야. 가령 충동적인 성범죄는 성적 욕망을 통제하지 못해서 벌어진 범죄겠지. 그런데 집단적으로 행해지는 반인륜적인 범죄는 충동보다 이성을 따르는 경우가 많아. 앞에서 살펴본 나치의 유대인 학살이 대표적이지. 나치 친위대의 중령이었던 루돌프 회스도 자서전 말미에서 "나도 심장이 있는 사람이었다"라고 적었지. 그러니까 꼭 악한 충동이나 나쁜 마음에서 그런 일을 저지른 게 아니라는 뜻이야.

제이 리프턴은 나치가 죄수들에게 자행한 실험 보고서를 연구하면서 의사나 과학자가 무고한 사람에게 끔찍한 짓을 하려면 대단한 자기 통제력이 필요했을 거라고 결론 내렸어. 그들 중 상당수는 직업적 의무를 다한다는 생각으로 인간 생체 실험에 대한 거부감을 극복했겠지. 나쁜 의미에서 이성이 감정을 통제한 거야. 아렌트는 우리에게 경고하지. "누구나 아이히만이 될 수 있다." 누구든지 자기에게 주어진 일에 최선을 다한다는 생각으로 국가 폭력에 가담할 수 있어. 적을 향해 총을 쐈다고 믿지만 아무 죄 없는 이가 죽고, 적군을 향해 미사일을 쐈다고 믿지만 민가가 불타 없어지고 말지. 우리도 언제든 악마가 될 수 있어. 스스로 생각하지 않는다면 말이야. 아렌트의 표현을 빌리자면, "사고思考를 허용하지 않는 악의 평범성"이지.

3 국가라는 폭력

국가가 늘 선한 건 아니다

가장 큰 권위를 가진 존재가 바로 국가야. 너희는 국가가 늘 선을 행한다고 생각하니? 역사를 돌아보면 그러지 않았던 수많은 장면과 만나게 되지. 앞에서 살펴본 유대인 학살이 대표적이야. 그렇다면 우리에겐 그런 어두운 역사가 없을까? 우리에게도 숱하게 많았지.

2000년 6월 1일자 〈워싱턴포스트〉는 "한국전쟁 당시 전체 인명 피해자는 500만 명에 달하며, 그 가운데 민간인 피해자는 250만 명 이상"이라고 추정했지. 한국전쟁은 이념 전쟁, 미군 공습, 거듭

된 전세 역전 등으로 민간인의 피해 규모가 컸어. 250만 명의 민간인 피해자 가운데 가장 큰 희생은 민간인 집단 학살에 의해서 발생했지. 한국전쟁을 전후해서 제주 4·3 항쟁뿐만 아니라 여순 사건, 전쟁 발발 직후 보도연맹과 좌익수감자들에 대한 학살, 국군과 미군에 의한 이북 주민들에 대한 학살, 빨치산 토벌 과정에서의 학살, 남북이 자기 지역을 회복한 뒤에 벌어진 부역자 처단 등 학살은 끝없이 이어졌어.

최대의 민간인 학살 가운데 하나인 4·3 항쟁은 이승만 단독 정부 수립을 둘러싼 갈등 속에서 발생했어. 당시 토벌군은 게릴라들의 피난처와 물자 공급원을 없앤다는 명분 아래 주민들까지 마구 죽였지. 당시 토벌대가 파악한 무장 게릴라의 수는 500명 남짓이었어. 그런데 학살당한 사람은 최소 3만여 명에 달한다고 하지. 대표적인 주민 학살 사건인 '북촌 사건'에선 마을 주민 전체가 총살당하기도 했어. 남녀노소를 가리지 않고 주민 400여 명이 국군 2연대에 의해 총살을 당했지. 그런데 이에 대해 "군인들에게 총살 경험을 주기 위해 실시되었다"라는 충격적인 증언이 나왔어.

정상적인 나라라면 반역한 자는 무겁게 처벌하고, 억울하게 죽은 자는 명예를 회복시켜 줄 거야. 대한민국은 정상적인 나라일까? 친일 부역자는 합당하게 처벌받고, 국가 폭력의 희생자는 온당하게 보상받았을까? 불행하게도 전자는 거의 이뤄지지 못했고, 후자도 충분히 이뤄지지 못했지. 철저한 진상 규명조차 제대로 안 됐으니까. 사실 이 두 문제는 동전의 양면처럼 붙어 있지. 일제 시대 친일을 하며 제 동포를 괴롭히던 자들이 해방 후에 대거 반공투사로 변신해 다시 제 동포를 괴롭혔으니까. 우리 역사의 아이러니이자 비극이야.

비극을 비극으로 슬퍼하고 잘못된 일에 노여워할 줄 알아야 해. 국가의 권위에 짓눌려 비극을 비극으로 보지 못한다면 비극은 다시 찾아올지 몰라. 비극적인 과거를 청산하지 않으면 그것은 미래가 되어 돌아오지. 러시아 시인 네크라소프는 이렇게 말했어.

슬픔도 노여움도 없이 살아가는 자는 조국을 사랑하지 않는 것이다.

이승만 정권을 붕괴시킨 것은 1960년의 4·19 혁명이었어. 혁명에 불을 붙인 것은 3·15 부정 선거였지. 이승만은 정당한 절차를 통해서는 선거에서 도저히 이길 가능성이 없다고 판단했어. 그래서 공개 투표, 투표 참관인의 매수 등을 통해 부정 선거를 저질렀지. 결국 이는 전국적인 규탄 대회로 번졌어. 정권은 경찰을 동원해 무력으로 시위대를 짓밟았지. 전국적으로 186명이 사망하고, 6026명이 부상을 당했어. 결국 감당하기 어려운 저항에 부딪힌 정권은 막을 내리게 됐지.

1979년 박정희의 유신 독재는 박정희의 갑작스러운 죽음으로 막을 내리게 됐어. 그러면서 1980년 봄은 민주화의 열기로 뜨겁게 달아올랐지. 그러나 5월 17일 군부가 다시 쿠데타를 일으켜 민주화의 열망은 꺾이고 말았어. 이에 광주 시민들은 조속한 민주 정부 수립, 전두환 보안 사령관과 신군부의 퇴진 및 계엄령 철폐 등을 요구하며 시위를 벌였지.

비무장한 시민을 상대로 공수부대의 진압 작전이 펼쳐졌어. 4·19 때는 경찰이 탄압했다면 5·18 때는 군인이 전면에 나섰지. 계엄군은 단순히 시위를 진압하는 차원을 넘어 광주 시민들을 없애야 할 '적'으로 규정하고 무차별 살상을 자행했어. 이에 맞서 광주 시민들도 무기를 들었지. 10일 동안 이어진 항쟁에서 민간인 191명이 군인에 의해 처참히 죽임을 당했어. 부상자는 852명에 달했지. 지금으로부터 25년 전에 벌어진 일이야.

아부그라이브, 인간의 맨얼굴

아우슈비츠나 5월 광주는 그저 옛날 일에 불과할까? 그렇지 않아. 언제 어디서든 다시 반복될 수 있는 일들이야. 최근에도 이라크 바그다드의 아부그라이브 교도소에서 끔찍한 일들이 벌어졌지. 이곳에서 미군은 포로 수감자들의 인권을 짓밟으며 마구 학대했어. 수감자들을 전기 고문으로 감전사시키거나 성적으로 학대하기도 했지.(여성 포로에 대한 성폭행도 저질렀어.) 학대는 3개월 동안 계속됐어. 일부 미군들이 이런 학대 장면을 카메라로 촬영해 친구들에게 재미 삼아 보냈고, 이 사진들이 인터넷에 공개되면서 미군의 추행이

전 세계에 알려지게 됐지.

무엇이 이런 범죄를 낳았을까? 1971년 스탠퍼드대학에서 진행된 실험이 하나의 답이 될 수 있을 거야. 1971년 8월 14일, 평범한 24명의 대학생이 실험 참가자로 뽑혔지. 실험을 위해 모의 교도소를 만들고, 참가자들을 교도관과 수감자 두 그룹으로 나눠 2주 동안 일반 교도소와 같은 시스템 아래에서 지내게 했어. 그들 사이에 어떤 심리 변화나 행동 변화가 일어나는지 면밀히 관찰하는 것이 실험의 목적이었지.

그런데 교도관 역할을 맡은 참가자들이 진짜 교도관처럼 행세하면서 실험은 중단됐어. 실험이 시작되고 며칠도 안 돼서 교도관 역할을 맡은 참가자들이 수감자 역할을 맡은 참가자들을 학대하기 시작했거든. 정신적 학대는 물론이고 육체적 학대까지 가했어. 모두가 실험이라는 사실을 알고 있었고, 수감자 역할의 학생들이 실제 수감자가 아니라는 사실도 잘 알고 있었지. 소수의 참가자만이 죄의식을 느끼며 학대를 거부했어. 결국 사태가 매우 심각한 수준으로 번져 가자 6일째 되는 날 실험은 중단되고 말았지.

심리학자 필립 짐바르도의 《루시퍼 이펙트》에 소개된 내용이야. 실제로 실험을 진행했던 필립 짐바르도는 35년 만에 이 실험 내용을 공개했지. 짐바르도는 "악한 시스템이 만들어 낸 악한 상황이 선한 사람을 악하게 만든다"라고 결론 내렸어. 즉, 개인의 기질보다는 상황이, 그리고 상황을 만들어 내는 시스템이 문제라는 거야. 나쁜 시스템이 악한 상황을 만들어 내고, 선한 사람이 그 상황에 계속 노출되다 보면 그 사람 역시도 악을 저지른다는 거지. 멀쩡한 사과도 썩은 사과 상자에 넣어 두면 썩은 사과가 되는 것과 같은 이치야. 악마는 악마로 태어나는 게 아니지. 천사가 악마가 될 수도 있고, 악마가 천사가 될 수도 있어. "선과 악의 경계는 모든 사람의 마음 한복판에 있다." 알렉산드르 솔제니친이 한 말이야.

우리들 대부분은 일부의 '썩은 사과'가 문제의 원인이라고 생각하기 쉽지. 쉽게 말해 사과 상자에 들어 있는 대부분의 사과는 멀쩡한데, 일부 사과가 썩어서 문제가 발생했다고 생각하는 거야. 정신적으로 문제가 있는 특정 개인 탓이라는 거지. 실제로 당시 미국 국방부 장관이었던 도널드 럼스펠드는 아부그라이브 교도소를 방문해 "누구 책임이냐?"라고 물었어. 그러니까 누가 썩은 사과냐는 거였지. 하지만 아부그라이브의 비극은 썩은 사과에서 생겨난 게 아니었어. 자발적으로 했든 누가 시켜서 했든, 악한 시스템이 이들의 행동을 낳았던 거야.

모든 학대는 야간 근무 시간에 발생했어. 발생 장소는 1A 구역이었지. 이곳은 군 정보부의 핵심 구역이었어. 1A 구역에는 취조실도 있었고, CIA 요원은 물론 민간 취조 전문가도 있었어.(이들이 학대에 직접 개입하진 않았지.) 그런데 포로들을 통해 정보를 제대로 캐내지 못하자 상부에선 헌병들을 압박했어. 그러고는 포로 조약을 무시해도 된다는 허가를 내려 포로들이 더 협조적이도록 만들었지. 상부에서 가혹 행위를 직접 지시했느냐는 중요한 문제가 아니야. 문제의 핵심은 상부의 압박과 허가에 있지. 결국 나쁜 시스템이 만들어 낸 나쁜 상황 속에서 개인들은 나쁜 행위를 저질렀던 거야. 썩은 사과가 아니라 썩은 상자가 문제였던 거지. 따라서 럼스펠드는 이렇게 물었어야 해. "무엇이 이런 문제를 낳았나?"

4 자기 머리로 생각하자

'믿는 사람'에서 '생각하는 사람'으로

서양에는 "지옥으로 가는 길은 선의로 포장되어 있다"라는 속담이 있어. 좋은 의도로 나쁜 일을 저지르기도 한다는 뜻이야. 국가가 쉽게 저지를 수 있는 실수지. 그러니 국가는 억지로 선을 행하려 하기보다 악을 저지르지 않도록 집중해야 해. 우리 역시 국가가 악을 저지르지 않도록 두 눈 똑바로 뜨고 감시해야겠지.

더 나아가, 누구나 아이히만이 될 수 있다는 아렌트의 말을 가슴에 새기고 옳지 않은 것을 옳지 않다고 말하는 용기를 가져야 해. 처음은 쉽지 않겠지만, 자꾸 시도하다 보면 더 용기 있는 자신을 발견할 수 있을 거야. 그렇게 할 수 없다면, 언제든 우리도 아이히만이 될 수 있지. 아이히만은 스스로 판단하는 능력을 거세당했는지도 몰라. 우리는 다른 사람이 우리 대신 판단하고 결정하게 해서는 안 돼. 모든 결정은 스스로 내려야지. 스스로 생각하고 판단하기를 포기하는 순간, 타인이 내리는 판단에 복종하게 되지. 육체의 노예는 채찍과 사슬로 만들어지지만, 정신의 노예는 자기 스스로 만드는 거야.

그러려면 먼저 자기 머리로 생각할 수 있어야겠지. 18세기 프랑스의 교육철학자 콩도르세는 사람을 '생각하는 사람'과 '믿는 사람'으로 나눴어. 다시 말해 자기 스스로 생각하는 사람과 남이 하는 말을 그대로 믿는 사람이야. 너희는 스스로를 생각하는 사람이라고 생각하지? 그러나 우리들 대부분은 그냥 믿는 사람일 뿐이야. 자기 스스로 생각하는 건 참 힘든 일이거든. 생각해 봐. 너희가 너희 머릿속에 있는 생각을 스스로 창조했어? 그렇지 않잖아. 그렇다면 여러 생각 중에서 최소한 선택이라도 했을까? 그렇지도 않지. 내 머릿속 생각은 그냥 어느새 내 머릿속에 자리 잡고 있는 거야. 생각이란 알 수 없는 경로로 내 머릿속에 들어와 마치 원래부터 그 자리에 있었던 듯이 태연하게 들러붙은 세상의 찌꺼기지.

우리는 친구들, 부모님, 선생님, 교과서, 신문과 방송, 인터넷과 SNS가 들려주는 정보 속에서 살아가지. 해일처럼 밀려오는 정보의 물결에 휩쓸리지 않고, 자기 머리로 살아가는 사람이 몇이나 될까? 거의 없다고 봐야지. 그러니까 내 머릿속 생각이라도 내 생각이 아니고, 내 입에서 나온 말이라도 내 말이 아닌 거야. 이미 어디

선가 본 것이고 누군가에게 들은 것들이지. 우리는 특정한 말과 이미지에 기대어 생각하지만, 그 말과 이미지는 자기 스스로 만들어 낸 게 아니야. 사회 속에서 알게 모르게 주어진 것들이지. 친구들이, 부모님이, 선생님이, 미디어가 전해 준 것들이야. 그래서 지극히 개인적인 생각조차 내 것이 아닐 때가 많아. 그러니까 우리가 신줏단지 모시듯 하는 자기 생각이라는 것도 자기 게 아닌 셈이지.

  문제는 우리가 내 것이 아닌 생각들을 평생 머리에 이고 살아간다는 거야. 그 생각에 기대어 판단하고 선택하고 행동하지. 내가 창조하지도 선택하지도 않은 생각들이 평생 나를 조종하다니, 끔찍하지 않아? "인생의 가장 큰 죄란 생각하지 않는 것이다." 아렌트가 한 말이야. 알베르 까뮈도 비슷한 말을 했어. "세상에 존재하는 악은 태반이 거의 무지에서 유래된 것으로 양식良識이 없으면 착한 의지도 악의惡意와 마찬가지로 많은 피해를 줄 수 있다." 우리가 자유롭게 사는 것 같지만 사실은 보이지 않는 창살에 갇혀 있는 셈이지. 그래서 우리는 자기 머릿속 생각에 대해서 깊이 생각해 볼 필요가 있어. '생각에 대한 생각'을 해야 한다는 거야. 그리고 쉽게 외부에 흔들리지 않는 탄탄한 자기 생각을 스스로 정립해야 해. 아렌트는 사유란 권리가 아니라 의무라고 했지.

  우리는 아주 어릴 때부터 부모님, 웃어른, 선생님, 직장 상사와 같은 다양한 권위에 복종하도록 배워 왔어. 보통은 권위를 순순히 따르면 보상이 주어지고 그러지 않으면 처벌이 주어지지. 흔히 효孝

나 예절의 이름으로 말이야. 그게 당연한 삶의 원리이자 인간의 도리라고 배우지. 그런데 우리의 예절이란 아랫사람이 윗사람에게 지켜야 하는 일방적 규범이야. 예절은 아이가 어른에게, 자식이 부모에게, 학생이 선생에게, 후배가 선배에게, 직원이 사장에게, 후임이 선임에게 지켜야 하는 규범이잖아.

그러나 그 반대는 성립하지 않지. 사회적으로 높은 지위에 있는 사람은 낮은 지위에 있는 사람에게 예의를 지키지 않잖아. 아이가 어른에게, 학생이 선생에게 반말을 하면 안 되지만 그 반대 관계에선 반말이나 욕설을 함부로 하지. 예절은 아래에서 위로만 흐를 뿐, 위에서 아래로는 흐르지 않는 거야. 그런 점에서 예절은 결코 평등하지 않아. 강자에게선 예의를 찾기 어렵지. 강자의 예의는 더 큰 강자에 대한 예의일 뿐이야. 우리 사회에서 개인들 간의 평등한 교제를 규제하는 시민적 예절과 교양은 찾아보기 어렵지. 우리에게 필요한 건 상하 복종이 아니라 상호 존중이야.

삐딱이가 되자

우리는 삐딱한 사람이 되어야 해. 왜 고분고분 말 잘 듣는 학생이 아니라 삐딱한 사람이 되어야 하느냐고? 진정한 자유인으로 살기 위해서지. 다시 말해 일방적으로 복종하지 않고 서로 존중하기 위해서야. 또한 유대인 학살과 같은 끔찍한 악에 동참하지 않기 위해서고. 물론 학교나 선생님들이 그런 악을 저지른다는 건 아니야.

다만 학교 선생님들의 지시가 늘 옳거나 정당한 건 아니잖아. 자기 머리로 생각하고 옳지 않은 일을 옳지 않다고 말할 수 있어야 해.

선생님이나 부모님에게 무조건 반항하라는 게 아니야. 학생이 선생님에게 무조건 대들고, 부하직원이 상사의 말을 무조건 따르지 않으며, 운전자가 교통경찰을 무시해 버린다면 세상은 금방 무질서해지겠지. 세상이 돌아가려면 어느 정도 권위에 대한 복종이 필요할지도 몰라. 지금 우리가 논의하는 권위는 어디까지나 부당한 권위야. 학교에서 선생님의 지시나 말씀이 늘 옳은 건 아니니까. 부당한 권위에 대해서 무조건 복종하지 말고, 너희가 옳다고 생각하는 바를 직접 말하고 행동으로 옮기라는 거야. 그러려면 감정적으로 부딪치지 말고 이성으로 상대를 설득할 수 있어야겠지.

삐딱한 사람이 되어야 하는 또 다른 이유는 작은 권위에 복종하다 보면 어느새 큰 권위에도 쉽게 복종해 버리기 때문이야. 큰 권위는 큰 악으로 이어질 가능성이 더 높지. 2011년 발생한 일본의 후쿠시마 원전 사고는 여전히 사고 수습 중이야. 사고 조사 보고서를 작성한 구로카와 기요시 교수는 일본인의 순응주의가 후쿠시마 원전 사고를 유발한 원인 중 하나라고 설명했어. 기요시는 이렇게 말했지. "후쿠시마 사고를 유발한 근본적인 원인은 무조건적 순종, 권위를 의심하지 않는 성향, '계획 고수'에 집착하는 기질, 집단주의와 같은 일본 문화에 뿌리 깊이 자리 잡은 관습이다."

개인의 생명을 위협하는 극한 상황에서 이루어지는 권위에 대한 복종은 심각한 결과를 초래하지. 미국 연방교통안전위원회에 따르면, 항공기 사고 37건을 조사한 결과 전체 항공기 사고의 25퍼센트가 조종실 내부의 일방적인 복종 관계에 그 원인이 있다고 해. 부기장을 포함한 승무원들은 기장의 실수를 보고서도 그 권위에 짓눌려 사고 위험을 눈감아 버리는 거지. 1997년에 발생한 대한항공 괌 추락 사고도 이와 무관하지 않아. 기상 상태가 나쁜 상황에서 기장의 실수를 부기장과 기관사가 인지했음에도 불구하고 기장의 독단을 막지 못했지. 왜 막지 못했을까?

세계적인 저널리스트 말콤 글래드웰의 《아웃라이어》에 따르면, 그 이유는 수직적인 상하 관계 때문이었어. 수직적인 상하 관계는 한국어나 한국 문화에 스며들어 있는 위계질서와 무관하지 않지. 물론 앞에서 지적한 것처럼 수직적인 관계는 한국만의 문제는 아니야. 다만 존댓말이나 연공서열이 매우 강조되는 한국 문화에서 더욱 두드러지겠지. 그래서 이후 대한항공은 조종실 내에서 위계적인 경어 체계를 아예 몰아내 버렸어. 한국어가 아닌 영어를 공용어로 사용하게 함으로써 한국어가 조성하는 위계적인 관계에서 벗어날 수 있도록 했지.

정말, 말이 그렇게 영향력이 클까? 말은 우리가 생각하는 것보다 훨씬 힘이 세다. 11, 12, 13… 등은 한국어로 십일, 십이, 십삼으로 발음하기 전혀 어렵지 않다. 그런데 영어에서는 11이 '일레븐', 12가 '트웰브'가 된다. 한국어에서 하듯이 간단히 텐원, 텐투라고 하지 않는 것이다. 프랑스어는 훨씬 더 복잡하다. 가령 91을 불어로 말하려면 4×20+11로 풀어서 말해야 한다. 불어로 읽으면 '캬트르 뱅 옹즈'라고 한다. 특이하게도 프랑스어에는 91을 우리말처럼 90+1로 나타내지 않는다. 90을 가리키는 말이 아예 없다. 좀 이상한가? 이상하지만 실제로 그렇다. 이런 작은 차이가 큰 결과로 이어진다. 이렇게 숫자를 나타내는 언어가 복잡한 탓에 서양 어린이들은 산수를 늦게 깨우치게 된다고 한다. 반면에 매년 국제 수학 올림피아드 대회에서 한국, 중국, 일본 등은 우수한 성적을 거두고 있다. 이것이 바로 말이 가진 은밀하지만 엄청난 힘이다.

뿐더러 말은 사고와 문화의 바탕이 된다. 프랑스 혁명기인 1793년에 혁명 정부는 2인칭 경칭 대명사 vous[부]를 폐기하고 평칭 대명사 tu[튀]만을 사용하도록 강제하는 법령을 공포했다. 흔히 '공화정의 tu'라고 부르는 변화였다. 당시에 vous는 귀족끼리, 아니면 평민이 귀족에게 쓰는 표현이었다. 혁명 정부가 들어서고 모든 시민이 평등해졌으므로, 서로 너나들이(서로 너니 나니 하고 부르며 허물없이 말을 건넴)를 해야 한다고 당시의 혁명 지도자들은 생각했던 것이다. 이 역시 말이 지닌 힘을 보여 주는 사례다.

5 어떻게 권위에 저항할까?

악의 평범성 vs 영웅의 평범성

한나 아렌트가 '악의 평범성'을 이야기했다고 했지? '악의 평범성'
이 있다면, 그에 맞서 '영웅의 평범성'도 있지 않을까? 옛날의 영웅
들이 초인적인 능력을 지녔다면, 현대 사회의 영웅들은 바로 평범
한 사람들일 수 있다는 거지. 평범한 사람이 자기가 속한 직장과
기관에서 벌어지는 악한 상황에 저항하는 것이 바로 영웅적 행위
야. 즉 누구나 영웅이 될 수 있어. 그런 평범한 영웅들 덕분에 세상
이 조금씩 앞으로 나아가는 거야. "세상이 계속되는 한 문제는 존
재할 것이다. 반대하거나 저항하는 사람이 없다면 그 문제는 영원
히 계속될 것이다." 미국에서 가장 유명한 변호사 중 한 명인 클래
런스 대로우가 한 말이야.

　물론 영웅이 된다는 게 말처럼 쉬운 일은 아니지. 분명 평범한
사람도 영웅이 될 수 있지만, 여기에는 이성과 용기가 필요하니까.
내부 고발자라는 게 있어. 조직의 불법적 행위를 목격한 뒤에 그것
을 공개하거나 신고한 사람이야. 내부 고발자는 정의로운 일을 했
음에도 조직 내에서 파면, 직위 해제, 집단 따돌림 등의 보복을 받
을 수 있어. 또 민형사상의 불이익을 당하기도 하지. "내가 만나 본
내부 고발자들 가운데 3분의 2가 넘는 사람들이 일자리를 잃었다.
그리고 거의 대부분이 집을 잃었고, 또 많은 수가 가족을 잃었다."

찰스 프레드 앨퍼드가 《내부 고발자들》에서 전하는 내부 고발자들의 현실이야.

내부 고발자가 겪게 될 문제들을 들며 그렇게 해서 세상을 바꿀 수 있겠느냐고 반문하는 사람들이 많지. 그런 이들에게 애먼 헤나시의 이야기를 들려줄게. 애먼 헤나시는 1인 혁명을 주창한 미국의 아나키스트(무정부주의자)야. 1인 혁명을 부르짖는 사람답게 헤나시는 1인 시위를 많이 했어. 거리에서 피켓을 들고 있는 그에게 지나가는 사람들은 묻곤 했지. "그렇게 해서 세상을 바꿀 수 있나?" 그럴 때마다 헤나시는 이렇게 대답했어. "내가 세상을 바꿀 수 없을지도 모른다. 그러나 세상이 나를 바꿀 수 없다는 것은 확신한다." 세상이 바뀌지 않는다는 말은, 그저 자기 삶을 바꾸지 않는 자의 변명이 아닐까?

헤나시는 '변하지 않는 나'에 대해서 말했지만, 사실 세상의 변화는 아주 작은 것('나')에서 시작되지. 앞에서 언급한, 투표함에 표를 던진 수전 B. 앤서니의 사례처럼 말이야. 그녀의 행동이 있었기 때문에 미국에서 여성의 선거권이 보장될 수 있었지. 흑인의 인권이 신장된 역사에서는 로자 파크스의 작은 행동이 중요한 밑거름이 되었어. 그녀가 살던 앨라배마 주 몽고메리에선 오랫동안 버스 좌석이 흑백으로 나뉘어 있었지. 1955년 12월, 로자 파크스는 백인들만 앉을 수 있는 좌석에 자리를 잡았어. 곧이어 운전사와 백인 승객들이 그녀에게 자리를 옮기라고 소리쳤지만, 그녀는 움직이지 않았지. 결국 그녀는 경찰에 체포되었어. 그녀의 행동은 1950~1960년대 흑인 인권 운동의 도화선이 되었지.

"왜 그날 그런 행동을 했나요?" 누군가 로자 파크스에게 물었어. '부당한 차별에 대한 저항의 몸짓' 같은 식의 아주 거창하고 비장한 대답이 나왔을까? 정작 로자 파크스의 대답은 의외로 간단했지. "너무 피곤했어요." 한 사람의 피로감이 금기를 깼던 거야. 그녀가 경찰에 체포된 후에 몽고메리 지역에선 382일 동안 '좌석을 피부색에 따라 구분하는 버스를 타지 말자'는 거부 운동이 벌어졌지. 결국 이 거부 운동이 흑백 분리 저항으로 번져 나갔어. 아주 평범한 노동자가 느낀 사소한 피로감이 도도한 저항의 강물을 일으킨 셈이야. 거대한 강물은 작은 시냇물에서 시작하고, 작은 시냇물은 작은 물방울에서 시작하지.

함께라면 영웅이 될 수 있어

우리도 영웅이 될 수 있지. 영웅이 되려면 어떻게 해야 할까? 앞에서 누누이 강조한 것처럼 먼저 자기 머리로 생각하는 훈련을 해야지. 자기 머리로 생각하는 훈련이 잘된 사람이라면 일방적인 복종을 강요하는 상황에서 조금 더 저항할 수 있을 테니까 말이야. 다만 혼자서는 저항하기 어렵기 때문에 주변 사람들과 힘을 모아야 해. 앞에서 우리는 나쁜 시스템과 상황이 나쁜 행동을 낳는다는 사실을 확인했잖아. 그렇다면 해결책 역시 시스템과 상황에서 찾아야 하지 않을까? 상황의 힘을 극복하기 위해 거꾸로 상황의 힘을 이용하는 거야.

　잘못된 지시를 받았는데 혼자서는 도저히 거부할 용기가 나지 않는다면, 함께 거부할 사람을 찾아보는 게 좋겠지. 명령을 내리는 이가 지닌 권위의 힘에 맞서 집단의 힘으로 대응하는 거야. 다시 말해 '연대의 힘'을 발휘하는 거지. 최소한 3명이 힘을 합쳐 부당한 명령을 내리는 사람에게 맞서는 게 좋아. 2명은 힘이 달리고, 3명이 모이면 집단의 위세를 이용할 수 있거든. 물론 더 많은 이의 힘을 모을 수 있다면 더욱 좋겠지. 3명만으로는 내부 고발자에게 발생할 수 있는 파면이나 직위 해제, 집단 따돌림 등에 대응하기가 쉽지 않으니까.

　그런 점에서 '노조'(노동조합)의 필요성을 생각해 볼 수 있지 않을까? 2013년 스페인에서 이루어진 강제 퇴거 과정에서 소방관들이 정부의 지시를 거부했어. 강제 퇴거란 집세를 내지 못하거나 집을 담보로 빌린 대출금을 갚지 못한 사람들을 살던 집에서 강제로 쫓아내는 거야. 당시 심각한 경제난에 휩싸인 스페인선 이런 문제를 겪는 사람들이 증가했지. 스페인의 카탈루냐 소방관 노조는 사람들을 위험에서 구하는 일이 소방관의 임무이지 사람들을 위험에 빠뜨리는 일은 소방관의 임무가 아니라면서 공권력의 요청을 거부했어. 한 소방관은 이렇게 말했지. "나는 15년째 사람을 구조해 왔습니다. 지금 와서 사람들의 삶을 파괴할 수는 없어요." 노조

스페인에서 거리로 내몰린 사람들 얘기를 좀 더 해 보자. 이들에 대해서 이렇게 생각하는 친구들도 있을 것이다. '어쨌든 집세를 안 내고 빌린 돈을 안 갚은 것은 잘못 아닌가?' 물론 그들의 책임이 전혀 없다고 할 순 없다. 그러나 심각한 경제난 때문에 어찌할 수 없는 측면이 있었다. 당시 스페인에선 한 해에 700가구가 거리로 내몰렸고 급기야 자살을 택하는 이들까지 생겨났다. 이런 상황에서 소방관 노조는 양심에 따라 명령을 거부했던 것이다. 채권자의 사유재산권도 중요하지만, 그보다 삶을 영위할 수 있는 주거 환경이 더 중요하다고 판단했다. 사실 소방관들의 거부가 있기 전에 열쇠 수리공들의 거부가 먼저 있었다. 원래는 열쇠 수리공이 문을 열어 주면 강제 퇴거가 이루어졌다. 그런데 수리공들이 집단적으로 이를 거부하고 나섰다. 그들 입장에서 강제 퇴거 작업 거부는 약 10퍼센트의 수입 감소를 뜻한다. 어떤 열쇠 수리공은 "전문가로서 그리고 인간으로서 우리에겐 양심이 있다. 그 양심이 말하는 바에 따르면 우리는 이 일을 하지 말아야 한다"라고 말했다. 팜플로나의 열쇠 조합에서 시작된 강제 퇴거 작업 거부는 이후 전국 300여 개 회사, 2000여 명의 기술자들의 거부로 이어졌다. 그 때문에 수리공 대신에 소방관에게 강제 퇴거 지시가 내려졌던 것이다.('양심 적용의 일례', 〈대학신문〉 2013년 3월 17일) 경찰, 군인, 소방관 등은 국가의 명령 체계 아래 있으면서 시민의 생명과 안전에 지대한 영향을 미치는 직군들이다. 적어도 이들만큼은 국가의 부당한 명령을 거부할 수 있어야 하지 않을까? 그러나 한 개인이 거대한 국가에 맞선다는 것은, 한 명의 군인이 수십만의 적군에 맞서는 것과 같다. 힘을 합쳐 연대하고 저항할 노조가 필요한 이유다.

가 꼭 그런 일을 하는 조직은 아니겠지만, 공권력의 부당한 요구에
저항하는 것도 노조(더 정확히는 공공 노조)가 존재해야 할 이유 중 하
나가 되겠지.

우리는 대체로 노동조합에 대해서 부정적이야. '노조' 하면 으
레 과격하고 폭력적인 이미지를 떠올리기 십상이지. 노동자들이 노
조를 조직해 파업에 나서면 불편하고 피해가 발생하니까 더욱 그
럴 거야. 그런데 불편을 끼치지 않는 파업은 없어. 파업이란 노동자
들이 일손을 놓고 실력을 행사하는 일이니까. "기업이 벌어들이
는 돈은 우리의 노동에서 나온다. 우리가 일하지 않으면 공장은 가
동을 멈추게 된다. 따라서 기업은 우리와 이윤을 나눠야 한다!" 노
동자들은 그렇게 자신들의 의사를 표현하는 거야. 따라서 파업은
누군가에게 피해를 주고 불편을 끼칠 수밖에 없어. 그런데도 헌법
은 파업을 노동자의 기본 권리로 보장하고 있지.('단체행동권')❖ 왜?
노동자는 기업이나 사용자보다 힘이 약하니까. 노동자들이 가진
힘은 법이 보장한 권리에 따라 단체로 파업하고 시위하는 것밖에
없어. 그래서 법이 노동자들의 권리를 명시하고 있는 거야.

"당신은 노동자인가요?" 이렇게 물으면 선뜻 그렇다고 대답하
는 사람이 많지 않아. "글쎄 노동자인가요?"라고 되묻거나 "생각해
본 적 없어요"라고 대답하지. 보통은 육체노동자 혹은 생산직 노동
자(공장에서 일하는 노동자)만을 노동자라고 생각하는 경향이 있어. 이
런 생각은 노동자를 천시하는 관행으로 나타나지. 그래서 예전에

는 생산직 노동자를 '공돌이, 공순이'라고 비하해 부르기도 했어.

그러나 우리는 대부분 노동자이고 노동자의 자식들이야. 나중에 너희의 자식들 역시 거의 노동자로 살아갈 테고. 부모가 자영업자라 해도, 자식은 노동자이거나 가까운 친척 중에 여럿이 노동자일 테지. 2011년 통계청 발표에 따르면, 일하는 사람 10명 중 7명이 노동자, 즉 임금 노동자였어. 그러니까 기업이든 학교든 가게든 다른 사람에게 임금을 받고 일하는 사람은 모두 노동자라 할 수 있지. 사무실에서 일하는 이들을 흔히 관리자라고 부르지만, 이들도

❖ 우리 헌법은 "근로자는 근로 조건의 향상을 위하여 자주적인 단결권·단체교섭권 및 단체행동권을 가진다"(제33조)라고 노동 3권을 명시하고 있다. 헌법에서 명시하고 있는 단결권이 바로 노동조합을 결성할 권리다. 노동자는 노동조합을 설립·운영하고 이에 가입할 수 있고('단결권'), 노동자가 조직한 노동조합은 근로 조건을 유지하고 개선하기 위해 회사 측과 교섭할 수 있으며('단체교섭권'), 교섭이 결렬되면 노동쟁의조정을 거쳐 파업을 할 수 있다('단체행동권'). 우리는 파업 하면 으레 '불법'을 떠올리곤 하지만, 모든 파업이 불법인 건 절대 아니다. 헌법이 규정한 권리가 어떻게 불법이 될 수 있을까? 그것은 노조의 잘못이 아니라 노조를 보는 한국 사회의 편견 탓이다.

우리 사회는 '교사가 무슨 노조냐'며 전교조(전국교직원노동조합)를 삐딱하게 바라본다. 그런데 다른 나라에서는 교사 노동조합이 당연하게 받아들여진다. 가령 핀란드의 교원 노조 가입률은 98퍼센트에 달한다. 선진국 가운데 노조 가입률이 낮다는 미국조차도 교원 노조 가입률은 90퍼센트를 넘는다. 선진국들에는 교원 노동조합은 물론이고, 경찰 노동조합, 소방관 노동조합, 판사 노동조합이 있다. 심지어 독일에는 군인 노동조합도 있다. 한국은 교원뿐만 아니라 일반 노동자의 노조 가입률도 매우 낮은 편이다. 2008년 기준으로, 한국의 노조 가입률(조직률)이 10.3퍼센트로 OECD 회원국 가운데 뒤에서 4등에 불과하다.

예외 없이 노동자야. 단지 노동의 성격이 다를 뿐이지. 육체노동이냐 정신노동이냐의 차이 말이야. 그래서 블루칼라 노동자와 화이트칼라 노동자로 구분하는 거야.

당장은 파업 때문에 불편을 겪을 수 있어. 환경미화원들이 파업을 하면 집 앞에 쓰레기가 쌓일 테고, 철도노동자들이 파업을 하면 지하철 운행이 멈출 테니까. 눈앞의 작은 이익을 따지면 누군가의 파업은 불편과 피해를 주는 것 같지만, 멀리 내다보면 그렇지 않다는 사실을 알 수 있지. 한 분야에서 노동 조건이 나아지면 그것이 새로운 기준이 되어 다른 분야에도 영향을 미치기 때문이야. 결국 파업을 통해 누군가의 노동 조건이 나아지면 모두에게 좋은 일이지. 반면에 다른 노동자들이 파업할 때 늘어놓았던 불평은 돌고 돌아 언젠가 나에게 부메랑으로 돌아올 수 있겠지. 우리가 더 적극적으로 연대하며 살아야 할 이유야.

'불편'을 이유로 파업한 노동자들을 서둘러 비난하기 전에 잠깐만 알아볼까. 그들을 지지하지는 않더라도, 최소한 그들이 왜 파업하는지 말이야. 너희의 삶이 천 길 낭떠러지로 몰릴 때, 누군가 개미 소리 같은 너희의 목소리에 귀 기울여 주길 바란다면 말이지. 비록 지금은 서 있는 위치가 달라도, 그들이 바로 우리야.

에필로그 : 보호 대상에서 삶의 주인으로

'보호해 주겠다'는 말

2014년 4월 16일, 세월호에서 '가만히 있으라'는 지시 때문에 수
백 명의 학생들이 물에 잠기고 말았어. 그런데 세월호에 대한 책임
을 묻고 싶어도 투표권이 없는 학생들은 자신들의 의사를 정치적
으로 표현할 수 없었지.(집회에 참여할 순 있겠지만 투표로서 말이야.) 세
월호가 가라앉고 며칠 뒤인 4월 28일 헌법재판소는 "청소년들이
계속 가만히 있는 게 좋겠다는 취지의 판결"을 내놓았지.('세월호 참
사와 청소년의 권리', 〈한국일보〉 2014년 5월 26일) "19세 미만의 미성년자
의 경우, 아직 정치적·사회적 시각을 형성하는 과정에 있거나, 독
자적인 정치적 판단을 할 수 있을 정도로 정신적·신체적 자율성을
충분히 갖추었다고 보기 어렵다"며 선거권, 선거 운동, 정당 가입

제한이 합헌이라는 판결이었어. 세월호의 '가만히 있으라'와 똑같진 않아도, 청소년들에게 여전히 가만히 있으라는 요구였지.

판결문을 잘 들여다보면, 자가당착의 논리를 발견할 수 있어. 판결문에서는 청소년이 아직 독자적 판단을 하지 못할 정도로 정신적·신체적 자율성을 갖추지 못했다고 했지. 그래서 청소년의 선거권 제한이 정당하다고 판결했잖아. 그런데 청소년이 정신적 자율성을 충분히 갖추지 못했다면, 그 원인이 뭘까? 자율성을 키우고 행사할 기회를 갖지 못해서가 아닐까? 자율성이 하늘에서 뚝 떨어지는 건 아닐 테니까 말이야. 그렇다면 자율성을 기르고 행사할 수 있도록 더욱 독려해야겠지. 선거권도 그중 하나일 테고. 그런데 헌재의 판결은 청소년에게 자율성이 부족하다고 지적하면서, 오히려 자기들이 청소년 스스로 자율성을 기를 기회를 가로막고 있는 거야.

어른들은 보호의 명분으로 청소년들을 묶어 두는 게 아닐까? 세월호에서 본 것처럼, 실상은 제대로 보호하지도 못하면서 말이야. 자기만 살려고 학생들과 승객들을 버리고 도망간 선장과 승무원들은 그저 예외적인 인간들일까, 아니면 우리 사회의 평균적인 어른들일까? 씨랜드 화재(1999년, 유치원생 19명 사망), 태안 해병대 캠프 익사(2013년, 고등학생 5명 사망), 경주 마우나 리조트 붕괴(2014년, 19살 대학 신입생 9명 사망) 등만 보더라도, 그저 예외적인 어른들이라고 말하기 어려울 거야. 그런 끔찍한 일들이 끊이지 않고 일어났으니까 말이야. 제대로 보호도 못하면서 보호해 주겠다고만 하지 말고, 청소년들에게 결정권과 책임감을 허락해야 하지 않을까?

우리는 '보호'에 대해서 진지하게 고민해 봐야 해. '보호하되 통제하라.' 종종 '보호'라는 이름으로 통제와 폭력이 사용되기도 하니까. 가령 인간은 동물을 제멋대로 잡아다가 동물원에 가두고는 보호한다고 떠들지. 유기동물 보호소는 어떨까? 전국에 381곳의 유기동물 보호소가 있어. 지자체가 직접 운영하는 곳은 20여 곳에 불과하고, 나머지는 모두 민간에서 위탁 관리하고 있지. 그런데 일부 보호소들은 유기동물을 죽을 때까지 방치하고 있어. 먹이도 제대로 안 주고, 그냥 가둬 두기만 하는 거야. 동물 보호소가 되레 동물을 학대하는 셈이지. 사실, 관리가 잘되는 유기동물 보호소도 유기된 동물을 무한정 보호하지 않아. 10일이 지나도 주인이 나타나지 않으면 유기동물은 안락사의 운명을 맞게 되지.

보호하기 위해서 통제하고 통제하기 위해서 보호하는, '보호의 이중성'은 동물뿐만 아니라 인간에게도 적용되지. 가령 '인디언 보호 구역'을 생각해 볼까. 우리는 흔히 '신대륙 발견'이라고 말하지. 마치 콜럼버스에 의해 발견되기 전까지 마치 그곳에 아무도 살지 않았던 것처럼 말이야. 그러나 콜럼버스의 발길이 닿기 훨씬 전부터 그곳에는 인디언이 살고 있었어. '신대륙 발견'이라는 표현은 어디까지나 서구인의 관점에서만 성립하는 표현인 거야. 콜럼버스가 아메리카를 발견한 이후 50년간 어림잡아 2000만 명의 인디언이 학살이나 전염병으로 목숨을 잃었어. 대략 95퍼센트의 인구가 감소한 것으로 추정되지. 그렇게 전멸시키고 나서 '인디언 보호 구역'을 만들어 인디언들을 그 안에서만 거주하게 한 거야. 이게 진정한 보호일까?

과연 보호를 위한 통제일까, 통제를 위한 보호일까? 이 질문에 답하기 위해서 한국 사회의 구체적인 사례를 가지고 접근해 볼게. '외국인보호소'에 대해서 들어 봤어? 이곳은 미등록 이주 노동자들을 잡아다 본국으로 추방하기 전까지 가둬 두는 시설이야. 대한변호사협회가 발표한 〈외국인보호소 실태조사 결과 보고서〉에 따르면, 겨울용 침구 미비, 운동 시간 부족, 인터넷 사용 불가 등 여러 측면에서 열악한 인권 실태를 보여 주고 있지. 게다가 외국인보호소의 경우에 영장 없이 외국인의 인신을 구속한다고 해. 즉, 법원의 심사 없이 외국인을 구금할 수 있다는 거지.✤ 2007년에는 여수 외국인보호소에서 화재가 발생해 구금된 28명의 외국인들이 죽거나 다쳤어. 화재가 발생했는데도, 구금된 외국인들이 혹시나 도망갈까 싶어서 제때 잠금 장치를 풀지 않은 탓에 발생한 참사였

✤ 이는 다분히 위헌적인 요소라고 할 수 있다. 우리 헌법은 인신의 구속에 대해 이렇게 제한하고 있다. "체포 · 구속 · 압수 또는 수색을 할 때에는 적법한 절차에 따라 검사의 신청에 의하여 법관이 발부한 영장을 제시하여야 한다."(12조) 즉 우리 헌법은 영장주의를 채택하고 있다. 이는 신체의 자유에 대한 제한을 엄격하게 규정하여 인신 구속이 함부로 남용되는 것을 방지하기 위한 것이다.

지. 이런 시설이 버젓이 '보호소'라는 이름으로 불리는 거야.

강자는 약자를 통제하기 위해 감금과 억압에 보호의 가면을 씌우지. 그러나 약자를 위한 진정한 보호가 아니기 때문에 그 보호는 허술하고 가변적일 따름이야.✿ 즉, 약자는 강자의 변덕에 자신의 안전을 맡겨야 할 운명이지. 약자에게 필요한 것은 형식이나 이름뿐인 보호가 아니라 자유와 권리의 보장이야. 너희도 마찬가지겠지. 어른들은 너희를 미숙하고 불완전한 존재로 여기면서 보호의 울타리를 치곤 하지. 그러나 보호를 내세우기 전에 자유와 권리부터 확실히 보장해야 해. 그것이 진정한 보호의 시작이지. 자유와 권리를 보장하는 않는 보호는 진짜 보호가 아니야. 그런 보호는 강자가 약자를 통제하기 위한 수단일 뿐이지. 어른들은 어른들의 입장에서 청소년을 미숙한 존재로 재단하기 앞서, 청소년의 입장에서 자기들이 가진 비非청소년적 시각의 한계를 돌아봐야 해.

✿ 역설적이게도, 약자를 보호하겠다며 만든 이 사회의 법들이 오히려 약자를 괴롭힌다. 첫 번째 사례는 1975년 박정희 대통령이 포고한 내무부 훈령 제410호('부랑인의 신고, 단속, 수용, 보호와 귀향 조치 및 사후 관리에 관한 업무 지침')다. 이 훈령에 따라 일정한 직업 없이 거리를 배회하는 부랑자는 강제로 수용 시설에 억류되었고, 갖은 폭력과 성폭행, 강제 노동에 시달려야 했다. 심지어 살인과 시신 판매까지 이뤄졌다는 사실이 1987년에 알려졌다. 세상을 떠들썩하게 만든 형제복지원 사건이다. 공식적인 사망자만 최소 551명에 달하고, 감금된 사람은 무려 4000명에 육박한다. 최근에는 '기간제 및 단시간 근로자 보호 등에 관한 법률'(기간제법)이나 '파견 근로자 보호 등에 관한 법률'(파견법) 등이 모두 '보호'를 내세우고 있지만, 실제로는 비정규직을 양산하고 있다.

자기 발로 서기 – 당당하게, 단단하게

〈로보트 태권V〉의 훈이, 〈마징가 Z〉의 쇠돌이, 〈독수리 5형제〉의 5남매 등은 모두 10대 청소년들이야. 왜 이들 만화에서 지구를 구하는 주인공들이 어른이 아니라 청소년일까? 주 시청자인 어린이와 청소년의 눈높이에 맞춘 결과일까?(김선희《팝콘을 먹는 동안 일어나는 일》참고) 그런 측면도 있겠지만, 다른 측면도 있지 않을까? 어린이 만화 영화 말고도 〈헝거 게임〉, 〈엔더스 게임〉, 〈메이즈 러너〉, 〈다이버전트〉 등에서도 청소년과 어린이가 주인공으로 나오지. 이 영화들이 특별히 청소년과 어린이 관객만을 대상으로 하는 것도 아닌데 말이야. 아마도 청소년과 어린이가 어른에 비해서 순수하고 정의롭기 때문이 아닐까? 〈헝거 게임〉에서는 주인공의 정의감이, 〈엔더스 게임〉에서는 주인공의 순수성이, 〈메이즈 러너〉에서는 주인공의 면역이라는 건강성이 영화를 끌어가는 주된 요소야.

그렇게 순수하고 정의롭기 때문에 청소년들은 자발적으로 광장에 모이지. 미선, 효순이 촛불 집회가 그랬고, 미국산 소고기 반대 촛불 집회가 그랬으며, 최근에는 역사 교과서의 국정화를 반대하는 가두 행진이 그랬어. 학생들의 가두 행진을 두고 '어른들이 선동해서' 나온 것이라는 일부 의심의 시선도 있었지. 한마디로 시민 의식, 주인 의식을 부정하는 시선이야. 이런 시선은 몇 년 전에도 있었어. 미국산 소고기 반대 촛불 집회 때였지. "촛불은 누구 돈으로 샀나?" 당시에 미국산 소고기 수입 재개 협상을 졸속으로 진

더 알아볼
이야기

교과서를 발행하는 방식에는 크게 세 가지가 있다. 첫째는 국가가
직접 교과서 제작에 관여하여 단일한 교과서를 공급하는 국정제다.
이를 채택하고 있는 나라는 북한, 베트남, 필리핀, 러시아, 캄보디아
등이다. 둘째는 국가가 일정한 검인정 기준을 정한 후에 민간에서
이 기준에 따라 교과서를 집필하면 국가가 심사하는 검인정제다. 독
일, 프랑스, 일본, 중국 등이 여기에 속한다. 마지막은 국가가 제시
한 대략적인 교육 과정 안에서 누구나 자유롭게 교과서를 집필할 수
있는 자유발행제다. 미국과 영국, 핀란드, 스웨덴 등이 자유발행제
를 채택하고 있다. 국정제를 채택하는 나라는 전 세계적으로 극소
수다.

　열거한 나라들을 비교해 보자. 선진국들은 모두 검정제와 자유
발행제를 채택하고 있다. 영국의 경우에는, 교육 과정은 정해져 있
지만 특별히 정해진 교과서가 아예 없다. 따라서 교사들이 자율적으
로 교재를 선택해서 사용할 수 있다. 영국에서 진도를 고려하지 않
는 주제별 수업이 가능한 이유다. 학생들은 수업에 따라 다양한 책
과 자료를 찾아 읽어야 한다. 그러나 우리의 현실은 어떤가? 3월에
새 교과서를 받고 학기가 끝나면 모두 쓰레기통으로 직행한다. 학
생들에게 교과서는 재미없고 지긋지긋한 책일 뿐이다. 따라서 책으
로서 소장할 가치를 전혀 못 느낀다. 그나마 검인정 체제에서는 여

러 교과서라도 존재했는데, 국정제가 시행되면 하나의 교과서만이 존재하게 된다.

국정제로 회귀하는 것은 북한이나 러시아 수준으로 역사 교육을 후퇴시키는 것이다. 즉, 국가의 이념에 시민을 가두려는 것이다. 국정제를 유지하고 있는 나라들만 보아도, 이미 폐기한 국정제를 다시 살리는 것이 얼마나 시대착오적인지 분명히 드러난다.(국정제를 유지하는 나라들의 경제적 수준이 아니라 정치적 자유의 수준을 말하는 것이다. 독일 같은 경우 국정제는 나치 시대에만 유지되었다.) "과거를 지배하는 자가 미래를 지배한다. 현재를 지배하는 자가 과거를 지배한다." 조지 오웰이 《1984》에서 한 말이다. 현재의 권력은 역사를 지배하려 하고, 결국 이를 통해 권력을 영속화하려 한다. 정권이 바뀔 때마다 역사 교육이 논란이 되는 이유다.

행한 이명박 대통령은 촛불 집회를 두고 이렇게 표현했지. 즉, 시민들이 자발적으로 나온 게 아니라, 반정부 단체가 정부를 흔들려고 시민들을 선동하거나 동원했다는 입장이었지. 선량한 시민들이 불량한 통치자에 의해 모욕당한 셈이었어.

민주주의와 아이들의 건강을 위해 자발적으로 초를 들고 시위에 참여하는 일은, 그들에겐 상상할 수도 없는 일이었지. 왜? 그들은 그런 세상을 한 번도 생각해 본 적도, 살아 본 적도 없기 때문이야. 그들 머릿속엔 이런 생각이 자리 잡고 있었을 거야. '시민은 동원되는 존재일 뿐이다.' 시민은 민주주의 주인이 아니라 통치와 선동의 대상이라는 의미야. 시민이 주인인 날은 몇 년에 딱 하루뿐이지. 투표일이 바로 그때야. 권력자와 정치인은 오직 그날만 시민을 주인으로 섬기지. 투표일이 지나면 언제 그랬냐는 듯이 또 하인 대하듯 하고 말이야.

우리는 시민을 주인이 아니라 하인으로 여기는 권력에 맞서야 해. 그것은 어른들만의 일이 아니야. 왜냐하면 우리가 사는 이 나라는 어른들만의 것이 아니기 때문이지. 우리 역시 이 나라의 당당한 시민이자 주인이야. 참여는 시민의 권리이자 의무라고 하겠지. 철학자 이반 일리치는 '참여가 곧 공부'라고 주장했어. 이반 일리치는 이렇게 말했지. "모든 공부는 수업의 결과가 아니다. 도리어 그것은 타인의 개입 없이 의미 있는 상황에 (직접) 참여한 결과다. 대부분의 사람들은 '참여'에 의해 가장 큰 가르침을 얻는다."(이반 일리치《학교

없는 사회》, 88쪽) 따라서 우리는 참여해야 해. 자신이 특별히 관심 있는 일에, 특히 자신의 권리와 관련된 일에 적극적으로 참여하는 게 진짜 공부야.

참여는 학교 안에서도 할 수 있고, 학교 밖에서도 할 수 있어. 우선, 학교 안에서 하나씩 시작하는 게 좋겠지. 참여의 시작은 학생 인권이 되겠고, 참여의 끝은 학생 자치가 될 거야. 학생 자치의 현실을 볼까. 학생들이 직접 뽑은 학생회장이 교문에서 급우들의 복장과 두발을 검사하고 불량 학생의 이름을 적어 교사에게 넘기곤 하지. 즉, 학생들의 대표가 아니라 교사들의 하수인인 셈이야. 결국 학생회장 선거는 학생들이 자기 손으로 교사들의 하수인을 지정해 주는 행사에 불과하지. 이건 학생 자치의 온전한 모습이 결코 아니야. 학생회는 학교의 야당이 되어야지. 정치에 여당과 야당이 있어서, 여당(집권당)의 권력 행사를 야당이 비판하고 견제하듯이 말이야. 즉, 학생회는 학생들의 입장에서 학교를 견제하고 학생 인권과 관련된 중요한 문제에 대해서 학교와 협상할 수 있는 자치 조직이 되어야겠지.

더 나아가 참여는 학교 밖에서도 이루어질 수 있어. 배움은 학교에서만 이루어지는 게 아니니까. 때로는 학교 밖 세상이 진짜 학교가 되기도 하지. 학교 밖 세상에 나가 참여하려면, 너희는 '아, 예예'의 세계에서 벗어나 '아니에요'의 세계로 나아가야 해. 즉, 어른들이 시키는 대로만 하는 꼭두각시가 아니라 자기 생각을 가지고

기존의 현실을 부정하고 비판할 수 있어야 해. 그게 바로 '아니에요'의 세계야. 부정을 위한 부정, 무조건적인 부정을 하라는 말은 아니야. 다만 세상의 변화와 발전은 부정의 정신에서 싹튼다는 사실을 기억했으면 해. 기존의 것이 부정되지 않으면 새로운 것은 나올 수 없겠지. 모든 창조와 혁신은 늘 기존의 것들을 부정하고 극복하면서 생겨났어. 그런 의미에서 창조의 정신은 부정의 정신인 셈이야.

학교에서건 사회에서건 너희가 하인이 아니라 주인이 되려면, 당연히 어른들도 생각을 바꿔서 적극적으로 거들어야겠지. 그러나 가장 중요한 것은 너희의 태도와 의지야. 어른들이 해 주기만을 기다려선 안 돼. 뒷짐 지고 앉아서 기다린다고 달라지는 건 없지. '울어야 젖을 준다'는 말이 있어. 우리가 꿈꾸는 세상은 거저 오지 않아. 공짜는 없어. 권리는 맞서 싸울 때 내 것이 될 수 있지. "권리 위에 잠자는 자는 보호받지 못한다"는 말처럼, 뒷짐만 지고 있어선 안 되고 적극적으로 맞서 싸워야 해. 너희가 너희 권리를 침해한 행위에 저항하지 않는다면, 결국 그런 행위를 용인하고 부추기는 결과를 낳게 돼. 잘못된 행위가 저지되지 않는다면 그 행위는 계속될 수밖에 없어. 즉 내년에도, 내후년에도 너희의 후배들이 너희와 똑같이 권리를 침해당하겠지. 너희의 싸움이 너희만을 위한 싸움이 아닌 이유야. 그 싸움은 현재를 위한 것이지만 동시에 미래를 향한 것이지.

참고문헌

《감정 독재》강준만 지음, 인물과사상사 펴냄, 2013

《거짓말하는 착한 사람들》댄 애리얼리 지음, 이경식 옮김, 청림출판 펴냄, 2012

《경쟁의 종말》로버트 프랭크 지음, 안세민 옮김, 웅진지식하우스 펴냄, 2012

《경제를 읽는 기술 HIT》고영성 지음, 스마트북스 펴냄, 2011

《경제학–철학 수고》마르크스 지음, 강유원 옮김, 이론과실천 펴냄, 2006

《교사, 가르고 치다》김준산 지음, 네시간 펴냄, 2012

《괴짜 심리학》리처드 와이즈먼 지음, 한창호 옮김, 웅진지식하우스 펴냄, 2008

《권위에 대한 복종》스탠리 밀그램 지음, 정태연 옮김, 에코리브르 펴냄, 2009

《그들이 말하지 않는 23가지》장하준 지음, 김희정 회 옮김, 부키 펴냄, 2010

《기호의 제국》롤랑 바르트 지음, 김주환 옮김, 민음사 펴냄, 1997

《나의 아름다운 죄인들》김숨 지음, 문학과지성사 펴냄, 2009

《낭만적 거짓과 소설적 진실》르네 지라르 지음, 김치수 외 옮김, 한길사 펴냄,
    2001

〈내가 교육에 관해 배운 세 가지〉양희규(《우리교육》2013년 봄호) 글

《내 마음을 읽는 28가지 심리실험》로터트 에이벌슨 외 지음, 김은영 옮김, 북로드
    펴냄, 2013

《내 마음속 1인치를 찾는 심리실험 150》세르주 시코티 지음, 윤미연 옮김, 궁리
    펴냄, 2006

《넛지》리처드 탈러 외 지음, 안진환 옮김, 리더스북 펴냄, 2009

《누가 내 생각을 움직이는가》노리나 허츠 지음, 이은경 옮김, 비즈니스북스 펴냄,
    2014

《눈치 보는 나, 착각하는 너》박진영 지음, 시공사 펴냄, 2013

《당신의 고정관념을 깨뜨릴 심리실험 45가지》더글라스 무크 지음, 진성록 옮김,
　　부글북스 펴냄, 2007
《당신의 이성을 마비시키는 그럴듯한 착각들》실뱅 들루베 지음, 문신원 옮김,
　　지식채널 펴냄, 2013
《당신의 감정, 판단, 행동을 지배하는 착각의 심리학》데이비드 맥레이니 지음,
　　박인균 옮김, 추수밭 펴냄, 2012
《도덕경》노자 지음, 오강남 풀이, 현암사 펴냄, 1995
《도전 무한지식》정재승 외 지음, 달 펴냄, 2008
《도덕적 인간은 왜 나쁜 사회를 만드는가》로랑 베그 지음, 이세진 옮김, 부키
　　펴냄, 2013
《독일 교육 두 번째 이야기》박성숙 지음, 21세기북스 펴냄, 2015
《독일 프랑스 공동 역사 교과서》페터 가이스 외 지음, 김승렬 외 옮김, 휴머니스트
　　펴냄, 2008
《돈의 인문학》김찬호 지음, 문학과지성사 펴냄, 2011
《뒷모습》미셸 투르니에 지음, 김화영 옮김, 현대문학 펴냄, 2002
《드라이브》다니엘 핑크 지음, 김주환 옮김, 청림출판 펴냄, 2011
《로마인 이야기 10》시오노 나나미 지음, 김석희 옮김, 한길사 펴냄, 2002
《루시퍼 이펙트》필립 잠바르도 지음, 임지원 외 옮김, 웅진지식하우스 펴냄, 2007
〈리멤버 미 : 세월호에서 배제된 아이들을 위한 묵시록〉, 이동연(《문화과학》
　　2014년 여름호) 글
《마음의 시계》엘렌 랭어 지음, 변용란 옮김, 사이언스북스 펴냄, 2011
《만들어진 생각, 만들어진 행동》애덤 알터 지음, 최호영 옮김, 알키 펴냄, 2014
《매력 자본》캐서린 하킴 지음, 이현주 옮김, 민음사 펴냄, 2013
《몸에 갇힌 사람들》수지 오바크 지음, 김명남 옮김, 창비 펴냄, 2011
《무엇이 재앙을 만드는가?》찰스 페로 지음, 김태훈 옮김, 알에이치코리아 펴냄,
　　2013
《무엇이 행동하게 하는가》유리 그니지 외 지음, 안기순 옮김, 김영사 펴냄, 2014
《보노보 찬가》조국 지음, 생각의나무 펴냄, 2009

《불확실한 상황에서의 판단》다니엘 카네만 지음, 이영애 옮김, 아카넷 펴냄, 2010

《비극의 탄생 / 즐거운 지식》니체 지음, 곽복록 옮김, 동서문화사 펴냄, 2009

《비합리성의 심리학》스튜어트 서덜랜드 지음, 이세진 옮김, 교양인 펴냄, 2008

《삼미 슈퍼스타즈의 마지막 팬클럽》박민규 지음, 한겨레출판 펴냄, 2003

《상식 밖의 경제학》댄 애리얼리 지음, 장석훈 옮김, 청림출판 펴냄, 2008

《상식의 배반》던컨 와츠 지음, 정지인 옮김, 생각연구소 펴냄, 2011

《상호부조 진화론》피트르 알렉세이비치 크로포트킨 지음, 구자옥 외 옮김,
    한국학술정보 펴냄, 2008

《생각에 관한 생각》대니얼 카너먼 지음, 이진원 옮김, 김영사 펴냄, 2012

《생각의 오류》토머스 키다 지음, 박윤정 옮김, 열음사 펴냄, 2007

《서른 살이 심리학에게 묻다》김혜남 지음, 갤리온 펴냄, 2008

《설득의 심리학》로버트 치알디니 지음, 이현우 옮김, 21세기북스 펴냄, 2002

《쉬나의 선택 실험실》쉬나 아이엔가 지음, 오혜경 옮김, 21세기북스 펴냄, 2010

《스마트한 생각들》롤프 도벨리 지음, 두행숙 옮김, 걷는나무 펴냄, 2012

《스마트한 선택들》롤프 도벨리 지음, 두행숙 옮김, 걷는나무 펴냄, 2013

《스키너의 심리상자 닫기》김태형 지음, 세창미디어 펴냄, 2007

《스키너의 심리상자 열기》로렌 슬레이터 지음, 조증열 옮김, 에코의서재 펴냄,
    2005

《심리 상식 사전》마테오 모테를리니 지음, 이현경 옮김, 웅진지식하우스 펴냄,
    2009

《심리학 나 좀 구해줘》폴커 키츠 외 지음, 김희상 옮김, 갤리온 펴냄, 2013

〈십대 여성의 외모중심 인식을 추동하는 일상과 성형의료산업〉, 나윤경 외
    (《한국여성학》 2009년 12월) 글

《아름다운 생명의 그물》이본 배스킨 지음, 이한음 옮김, 돌베개 펴냄, 2003

《아름다움이란 이름의 편견》데버러 L. 로우드 지음, 권기대 옮김, 베가북스 펴냄,
    2011

《아웃라이어》말콤 글래드웰 지음, 노정태 옮김, 김영사 펴냄, 2009

《약속》니콜라 데이비스 지음, 서애경 옮김, 사계절 펴냄, 2015

〈얼굴과 일상〉 강영안(《프랑스문화예술연구》 2012년 봄호) 글

《어느 운 나쁜 해의 일기》 존 쿳시 지음, 왕은철 옮김, 민음사 펴냄, 2009

《영국 노동계급의 상황》 프리드리히 엥겔스 지음, 이재만 옮김, 라티오 펴냄, 2014

《에네르기 팡》 박동곤 지음, 생각의힘 펴냄, 2013

《예루살렘의 아이히만》 한나 아렌트 지음, 김선욱 옮김, 한길사 펴냄, 2006

《오락가락, 선택은 어려워》 오형규 지음, 자음과모음 펴냄, 2013

《옷장에서 나온 인문학》 이민정 지음, 들녘 펴냄, 2014

《왜 똑똑한 사람은 어리석은 결정을 내릴까?》 마이클 모부신 지음, 김정주 옮김,
    청림출판 펴냄, 2010

《우리는 왜 이렇게 사는 걸까?》 강준만 지음, 인물과사상사 펴냄, 2014

《우리도 행복할 수 있을까》 오연호 지음, 오마이북 펴냄, 2014

《위로하는 정신》 슈테판 츠바이크 지음, 안인희 옮김, 유유 펴냄, 2012

《위저드 베이커리》 구병모 지음, 창비 펴냄, 2009

《위험한 생각 습관 20》 레이 허버트 지음, 김소희 옮김, 21세기북스 펴냄, 2011

《위험한 호기심》 알렉스 보즈 지음, 김명주 옮김, 한겨레출판사 펴냄, 2008

《이것이 인간인가》 프리모 레비 지음, 이현경 옮김, 돌베개 펴냄, 2007

《인간의 모든 동기》 최현석 지음, 서해문집 펴냄, 2014

《인간의 조건》 한나 아렌트 지음, 이진우 옮김, 한길사 펴냄, 2002

《재와 빨강》 편혜영 지음, 창비 펴냄, 2010

〈중학생다운 보통의 삶으로!〉 임정훈(《우리교육》 2014년 겨울호) 글

〈중학생이라는 수수께끼 풀이〉 박미자(《우리교육》 2015년 여름호) 글

《즐거운 일상을 만드는 심리 실험 이야기》 시부야 쇼조 지음, 이규원 옮김, 일빛
    펴냄, 2003

《죽은 왕녀를 위한 파반느》 박민규 지음, 예담 펴냄, 2009

《천 개의 고원》 질 들뢰즈 외 지음, 김재인 옮김, 새물결 펴냄, 2003

《청소년을 위한 정신 의학 에세이》 하지현 지음, 해냄 펴냄, 2012

〈탈핵의 이론과 현실〉 김현우(《문화과학》 2012년 여름호) 글

《토요일의 심리 클럽》 김서윤 지음, 창비 펴냄, 2011

《팝콘을 먹는 동안 일어나는 일》 김선희 지음, 풀빛 펴냄, 2011

《펭귄과 리바이어던》 요차이 벤클러 지음, 이현주 옮김, 반비 펴냄, 2013

《편향》 이남석 지음, 옥당 펴냄, 2013

《프레임》 최인철 지음, 21세기북스 펴냄, 2007

《학교 없는 사회》 이반 일리치 지음, 박홍규 옮김, 생각의나무 펴냄, 2009

〈학교에서 왜 노동교육을 해야 할까?〉 하종강(《우리교육》 2011년 봄호) 글

《한국이 싫어서》 장강명 지음, 민음사 펴냄, 2015

《행동 경제학》 도모노 노리오 지음, 이명희 옮김, 지형 펴냄, 2007

《행복에 걸려 비틀거리다》 대니얼 길버트 지음, 서은국 외 옮김, 김영사 펴냄,
    2006

《행복의 사회학》 정태석 지음, 책읽는수요일 펴냄, 2014

《훌륭한 교사는 무엇이 다른가》 토드 휘태커 지음, 송형호 옮김, 지식의날개 펴냄,
    2015

《휘파람 부는 사람》 메리 올리버 지음, 민승남 옮김, 마음산책 펴냄, 2015

《힐링 루키즘》 이정현 지음, 경향BP 펴냄, 2013

《18세상》 김성윤 지음, 북인더갭 펴냄, 2014

〈2015 삶의 질(How's Life?)〉 OECD, 2015

《21세기 자본》 토마 피케티 지음, 장경덕 외 옮김, 글항아리 펴냄, 2014

〈The Politics of a Civilization Transformation〉 이매뉴얼 월러스틴(2012년
    9월 17~18일 경희대에서 개최한 학술대회 발표문) 글

비행청소년
11

내 얼굴이 어때서
삶의 주인으로 우뚝 서는 당당한 나를 찾아

초판 1쇄 발행 2016년 4월 25일
초판 4쇄 발행 2019년 5월 20일

지은이 오승현 그린이 조은교
펴낸이 홍석 전무 김명희
책임편집 김재실 디자인 류지혜
마케팅 홍성우·이가은·홍보람·김정선 관리 최우리

펴낸 곳 도서출판 풀빛 등록 1979년 3월 6일 제8-24호
주소 03762 서울특별히 서대문구 북아현로 11가길 12 3층
전화 02-363-5995(영업), 02-362-8900(편집) 팩스 02-393-3858
홈페이지 www.pulbit.co.kr 전자우편 inmun@pulbit.co.kr

ISBN 978-89-7474-783-1 44190
ISBN 978-89-7474-760-2 44080(세트)

이 책의 국립중앙도서관 출판예정도서목록(CIP)은 서지정보유통지원시스템 홈페이지
(seoji.nl.go.kr)와 국가자료공동목록시스템(www.nl.go.kr/kolisnet)에서
이용하실 수 있습니다.(CIP제어번호: CIP2016008914)

책값은 뒤표지에 표시되어 있습니다.
파본이나 잘못된 책은 구입하신 곳에서 바꿔 드립니다.